Mathias Jung

Töchter und Väter – so nah und doch so fern

Mathias Jung

Töchter und Väter – so nah und doch so fern

KREUZ

MIX
Papier aus verantwor-
tungsvollen Quellen
FSC® C083411

1. Auflage 2014

Umschlaggestaltung: Vogelsang Design
Umschlagmotiv: © istockphoto.com – Jason Lugo

Satz: de·te·pe, Aalen
Herstellung: CPI books GmbH, Leck

Printed in Germany

ISBN 978-3-451-61315-9

*Eines Vaters Segen kann nicht
im Wasser ertränkt
noch im Feuer verbrannt werden.*
RUSSISCHES SPRICHWORT

Inhalt

»Sorry, dass ich nur ein Mädchen geworden bin«

Wechselbäder der Gefühle

> *»Tatsächlich ist die Reflexion einer Tochter über ihren Vater lebensnotwendig. Der Vater ist der erste und wichtigste Mann im Leben einer Frau. Das kann Glanz oder Elend bedeuten.«*
> MATHIAS JUNG

Warum dieses Buch? Weil die Vater-Tochter-Beziehung facettenreich ist und die Tochter meist ein Leben lang prägt. Schauen wir uns vorab einige Beispiele an. Den »furchtbarsten Schmerz« hat Lisa (Name, wie alle folgenden, geändert) beim plötzlichen Tod ihres Vaters empfunden.

Eine andere Frau, die ihren Namen nicht nennt, beantwortet meinen Fragebogen mit einem einzigen anrührenden Satz: »Mein Vater ist seit 36 Jahren tot, aber ich als Tochter habe ihn sehr, sehr geliebt.« Asta, deren Vater an der unheilbaren Krankheit Amyotrophe Lateralsklerose (ALS) starb, berichtet dankbar: »Als Kind wollte ich immer meinen Papa heiraten und dachte, das ginge allen kleinen Mädchen so. Mein Vater war immer ein starker Mann, schlank, groß und mit so viel Kraft. Als ich ein Kindergartenkind war, malte er mir jeden Morgen ein Bild und stand dazu extra eine halbe Stunde früher auf. Mein Vater hat mich bedingungslos geliebt.« Er war offensichtlich ein lustiger Vater: »Mein Vater konnte auf Kommando pupsen und machte von diesem Talent ausgiebig Gebrauch.« Asta war eine geliebte Tochter: »Was würde ich dafür geben, ihn noch einmal sprechen oder umarmen zu dürfen. Bestimmt schaut er mir auch heute ab und zu über die ›Schulter‹ und gibt mir Kraft, wenn ich sie brauche.«

Das sind die guten Stimmen. Schon schwieriger sieht es Thea: »Ich glaube, die Liebe zwischen Vater und Tochter ist sehr kompliziert. Mein Vater wollte einfach kontrollieren und hat nie gelernt, Gefühle zu zeigen. Er hat das gelebt, was er von zu Hause kannte (ein alkoholkranker, beherrschender Vater und eine schwache Mutter). Er hat für uns das gemacht, was er konnte und was er für richtig empfand.« Doch sie hat sich mit ihm, bestärkt durch Seelenarbeit mit ihrem *inneren Kind*, versöhnt: »Für mein jetziges Leben bin ich selbst verantwortlich und arbeite an mir.« Aber auch der Vater hat sich entwickelt. Thea: »Er hat in den letzten Monaten durch die psychologischen Therapien meiner Mutter schon vieles gesagt, was ich mir von ihm gewünscht habe, etwa ›Ich habe dich lieb‹ oder ›Ich bin stolz auf dich‹. Es kommt noch sehr hölzern rüber. Aber er ist auf dem richtigen Weg und hilft mir dadurch, auch mich zu öffnen!«

Dagegen bezeichnet Sandra ihre Vaterbeziehung ohne Wenn und Aber als »ungenügend«: »Liebe von meinem Vater kenne ich nicht. Er zeigt es mir nicht.« Sie kompensierte die väterliche Leere mit Gottvater. Sandra: »Die einzige Sehnsucht, die ich hatte, war Gott. Ich erinnere mich, ich war neun, da wusste ich, ich war Gottes Tochter. Ich wollte mit neun Jahren Bestatterin werden, war auf Friedhöfen, weil ich Gott nah sein wollte. Ich war sehr allein. Ich habe immer schon an Selbstmord gedacht. Ich meinte, ich gehöre nicht hierher, ich will nach Hause – zum göttlichen Vater.«

Sandra benennt ein klassisches Tochterdrama, wenn sie schreibt: »Mein Vater wünschte sich Söhne und bekam drei Töchter. Ich fühlte mich nicht genügend angenommen.« Der Vater glaubte, dass Männer wertvollere und tüchtigere Menschen seien. »Ich kann mich nicht daran erinnern, dass er mich in den Arm genommen hätte oder gar geküsst hätte.« Sandra bekräftigt das Nur-Mädchen-Syndrom mit den knappen Worten: »Wahrscheinlich war ich seine größte Niederlage. Wäre ich ein Junge, wäre ich wahrscheinlich sein größter Erfolg geworden.« Sandra: »Ob es etwas gibt, wofür ich meinen Vater um Verzeihung bitten müsste? Sorry, dass ich nur ein Mädchen geworden bin!« Wie heißt es so sarkastisch: »Der Wunsch nach dem Sohn ist der Vater vieler Töchter.«

Warum setzen sich Frauen hin und beantworten, manchmal in zehnseitigen Briefen, die für sie aufwühlenden Fragen nach der Vaterbeziehung? Alberta nennt einen Grund: »Ich möchte nur, dass es neue Väter gibt, dass kein Mädchen mehr leer ausgeht.« Rita nennt einen anderen Grund, nämlich die Befreiung durch die Erinnerungsarbeit: »Beim Schreiben und Vorbereiten (im Kopf) für den Vater-Tochter-Bericht ging es mir ziemlich schlecht. Ich schlief nicht richtig und hatte Kopf- und Rückenschmerzen. Jetzt, wo ich meine Antworten gleich absenden werde, geht es mir besser. Es ist so, als fiele eine schwere Last von mir, und ich fühle mich zufrieden, wenngleich auch ziemlich ausgepowert.«

Tatsächlich ist die Reflexion einer Tochter über ihren Vater lebensnotwendig. Der Vater ist der erste und wichtigste Mann im Leben einer Frau. Das kann Glanz oder Elend bedeuten. Positiv hilft die polare Vaterfigur dem Mädchen, sich von der Mutter abzunabeln, männliche Anteile zu erwerben und sich in seiner bewundernden Spiegelung selbstbewusst als weiblich zu erfahren. In der Probehandlung der vitalen Vaterbeziehung lernt sie für die Begegnung mit der Welt der Männer und für die Liebe.

Aber was passiert, wenn eine Frau *keinen* oder einen *abwesenden* oder *abwertenden* Vater hatte? Die Unfähigkeit mancher Frauen, einen Mann zu lieben, liegt häufig daran, dass sie schon in der Kindheit ihren Vater verloren haben. Ist die Heilung einer *Vaterwunde* möglich? Gibt es einen Ausbruch aus der *Vaterfalle*? Sicher ist, was John Selby in seinem Buch *Väter und ihre Rolle in unserem Leben* sagt: »Viele wichtige Konflikte mit

Eltern liegen uns Erwachsenen immer noch schwer im Magen. Wir sind erwachsen geworden, wir sind aus dem Nest geflogen und doch kämpfen wir innerlich noch mit unseren Vätern.« Und: »Selbst wenn Ihr Vater vielleicht bereits gestorben ist und Sie die Vergangenheit nicht mehr ändern können, ist es nicht zu spät, die Beziehung zu ihm grundlegend infrage zu stellen. Das Bild Ihres Vaters, das Sie in Ihrem Inneren tragen, resultiert fast immer aus Ihren Kindertagen. Als Erwachsener können Sie sich in die Vergangenheit zurückversetzen, Ihren Vater neu erfahren, ihn in einem neuen Licht sehen und dann ein realistischeres, befriedigenderes und verständnisvolleres Bild von ihm entwickeln.«

172 Frauen gaben mir Auskunft über ihre Vaterbeziehung. Ich danke euch von Herzen. In euren ausführlichen und bewegend wahrhaften Berichten habt ihr meistens zugleich die Wege des Verzeihens und der Versöhnung eindrucksvoll ins Bild gerückt. Natürlich konnte ich nicht alle Antworten veröffentlichen. Dafür bitte ich um Verständnis. Selbstverständlich habe ich eure Namen verändert und erkennbare biografische Hinweise getilgt. Nicht ich, sondern ihr habt dieses Buch, das farbenreiche Vater-Tochter-Mosaik, geschrieben.

Für dich, liebe Leserin, dokumentiere ich hier die 27 Fragen, welche ich in der Zeitschrift *Der Gesundheitsberater* im November 2013 veröffentlichte:

- Lebt dein Vater noch oder ist er tot?
- Wie würdest du deine Vaterbeziehung benoten, sehr gut, gut, befriedigend, genügend, ungenügend?
- Überwiegt in Gedanken an ihn Freude oder Groll?
- Was war ein schönes, was war ein bitteres Kindheitserlebnis mit deinem Vater?
- Hat dir dein Vater das Gefühl gegeben, »so wie du bist, bist du wunderbar«?
- Hat dich dein Vater abgewertet? War er desinteressiert an dir? War er ein anwesender oder ein abwesender Vater?
- Wonach hast du dich vergeblich gesehnt?
- Was für ein Vatertypus war er? Autoritär oder liberal, fortschrittlich oder konservativ, beschützend oder bestrafend, nüchtern oder warmherzig?
- Wie wirkte der Körper deines Vaters auf dich?
- Welchen Beruf hatte dein Vater? War er durch ihn positiv oder negativ geprägt?
- Warst du ein Scheidungskind?
- Welches Frauenbild hatte er?
- Wie war die Ehe deines Vaters? Hatte er eine Außenbeziehung?
- Was hat dir dein Vater für sein Leben mitgegeben? Fähigkeit, Lebensmut, handwerkliche Geschicklichkeit, Bildung, Musikalität etc.?
- Was hat dir imponiert an deinem Vater?
- Hattest du einen Stiefvater? Wenn ja, wie war er?
- Warst du eher eine »Gefall-Tochter«, eine »Leistungs-Tochter« oder eine »Trotz-Tochter«?

- Was hast du mit dem Tod deines Vaters verloren?
- Welchen existenziell wichtigen Satz würdest du heute gerne deinem Vater, auch wenn er tot ist, zurufen?
- Nach welchem Satz von ihm sehnst du dich heute noch?
- Hatte die Persönlichkeit deines Vaters Einfluss auf deine Partnerwahl?
- Falls du einen problematischen Vater hattest, hast du so etwas wie einen »Ersatzvater«, eine väterliche Instanz gefunden?
- Wenn euer Verhältnis schwierig war, hast du deinem Vater inzwischen verziehen? Hast du die Verzeihung offen ausgesprochen? Wer oder was hat dir dabei geholfen?
- Wenn du noch nicht Frieden mit deinem Vater geschlossen hast, hast du es überhaupt vor? Wann? Wie? Wenn nein, warum nicht?
- Wie war die Geschichte deines Vaters? Seine Eltern, seine Berufslaufbahn, seine Lebensbeziehungen, seine Erfolge und Niederlagen, sein Lebensende?
- Gibt es etwas, wofür du selbst deinen Vater um Verzeihung bitten müsstest?
- Was hast du an deinem Vater geliebt? Was bleibt?

Wie die Versöhnung mit den Müttern für die Töchter der Ausgangspunkt dafür ist, andere Frauen mit einem wohlwollend-weiblichen Blick zu betrachten und ohne Konkurrenz und Neid ihren Werdegang liebevoll zu verstehen, so bildet die Versöhnung mit dem Vater die

Voraussetzung für ein positives Männerbild und freudvolle Bindungsfähigkeit.

Die amerikanische Psychotherapeutin Linda Leonard formuliert dies in ihrem scharfsinnigen Werk *Töchter und Väter. Heilung einer verletzten Beziehung* (S. 117) so: »Töchter brauchen die Wiederannäherung an ihren Vater, damit sie ein positives Vaterbild in ihrem Inneren entwickeln können – ein Bild, aus dem eine Frau Kraft und Führung beziehen kann, das es ihr möglich macht, die positive Seite der Männlichkeit in der inneren wie der äußeren Welt zu würdigen. Sie müssen die verborgene Perle, den Schatz finden, den der Vater bieten kann. Wenn die Beziehung zum Vater beschädigt ist, ist es für die Frau wichtig, diese Verwundung zu begreifen, damit ihr der Mangel klar wird und sie das Fehlende in ihrem Innern entwickeln kann.«

Liebe Leserin, ich wünsche dir einen befreienden, wenn auch manchmal schmerzhaften, Weg durch den Fragebogen und die folgenden Stationen des Vaterdramas.

Wovon träumen kleine Mädchen?

Vaterschätze

*» Er hat mir immer das Gefühl gegeben,
dass ich so, wie ich bin, wunderbar bin.«*
CHRISTEL

Aus den vielen Tochterzuschriften ist mir eines über-
deutlich geworden: Die Bedeutung des Vaters für die
Entwicklung der Tochter, ihre Autonomie, Lebensneu-
gier und Realitätsbewältigung, kann nicht hoch genug
eingeschätzt werden. Denn der Vater ist sozusagen, um
es technisch zu formulieren, die Abschussrampe für das
Projekt Frau.

Vor allem mit dem Vater erkundet die Tochter die
Welt und gewinnt Robustheit. Das Kleinkind kann
von ihm das gewinnen, was der Psychoanalytiker Erik
Erikson (in: *Identität und Lebenszyklus*) das *Urvertrauen* nennt. So hält Katharina fest:»Wenn mein Vater
mich in seine Arme nimmt, spüre ich, dass ich sein Kind
bin, und das ist ein verdammt schönes Gefühl. Immer.«
Als Kind war sie ein kleiner Wirbelwind, der die Familie
auf Trab hielt:»Jeden habe ich angelacht und habe somit
die Herzen erobert.« Katharina erinnert sich:»Mein Va-

ter war zu DDR-Zeiten in der Oberliga im Tischtennis. Manchmal durfte ich mit zu Spielen am Wochenende. Das war besonders schön. Wenn wir im Auto mit jemandem mitfuhren, schlief ich oft in seinen Armen ein. Ich fühle, dass er mich immer so geliebt hat, wie ich bin. Heute ist mein Vater stolz auf mich. Ich führe ein kleines Unternehmen, einen Südfrüchtehandel mit biologisch angebauten Früchten.« Er half ihr dabei. Katharinas Vater liebte seine Selbstständigkeit als Schuhmachermeister. Hier war er sein eigener Herr. Doch ganz leicht war auch sein Leben nicht: »Vor 23 Jahren wollte er die Scheidung, er hatte eine Außenbeziehung. Mutter drohte ihm mit Selbsttötung, und er blieb. Er bekam einen Herzinfarkt. Seitdem hat er sich in sich zurückgezogen und seit ein paar Jahren geht er in die Demenz.«

Katharinas Vater sparte nicht mit Lob und Anerkennung. Im Sport war sie die Schnellste und Stärkste. Katharina sehnt sich heute danach, mit ihrem Vater alleine in einer Wirtschaft zu sitzen, über alte Zeiten zu klönen und nach seinen Träumen und Wünschen zu fragen. Doch »die Mutter würde es nie zulassen«. In seiner Jugend wollte der Vater Operettensänger werden, aber das wollte sein Vater nicht. Katharina ist voller Liebe und Bewunderung für ihren Vater: »Mein Papa hat viele angenehme Seiten, er ist witzig, warmherzig, er kann staunen wie ein Kind, er schaut in die Welt mit den Augen eines Kindes. Es hat mich immer tief berührt. Als wir auf dem Ätna waren, berührte er mit seiner Hand die Erde und sagte darauf, ›sie ist warm‹. Ich könnte bei sowas weinen.«

Schließlich: »Mein Vater hat mir für mein Leben sehr viel mitgegeben, ich meine, mehr als die Mutter. Meine Orientierung ging eher von ihm aus. Sein großes Herz, für andere da zu sein, ein offenes Ohr zu haben, zu helfen, wenn jemand in Not ist, den Selbstwert, seine innere Freiheit, seine Fähigkeit, Ziele anzuvisieren und sie in die Tat umzusetzen. Seine Sachliebe zu den Dingen und seine Liebe zur Selbstständigkeit und zum Unternehmertun. Seine Fähigkeit, Menschen zu achten und zu respektieren. Über die kleinen Dinge zu staunen. Sich selbst nicht so wichtig zu nehmen, einer unter vielen zu sein. Ich singe auch gern. Handwerkliche Geschicklichkeit habe ich von ihm. Seit sechs Jahren renoviere ich mein 300 Jahre altes Haus mit Lehm. Wenn mein Vater es sehen könnte, wäre er stolz auf sein Kind. Mir hat immer imponiert, wie ihm die Menschen zugehört haben. Es war, als entstehe ein Raum um ihn herum. Alles wird still und lauscht.«

Katharina will ihren Vater, dem sie seine damalige Außenbeziehung längst verziehen hat, rehabilitieren: »Sein Leben im Schatten unserer Mutter bekommt somit mit diesen Zeilen einiges an Sonne zurück. Er gehört in die Sonne!«

Man könnte die Vater-Tochter-Beziehung auf die Faustformel bringen »Viel Vater – viel Selbstbewusstsein«. »Ich bekam Zivilcourage und Bildung mit auf den Lebensweg«, registriert Erika: »Mein Vater versuchte, alles aus mir herauszuholen. Er wollte bei mir, der Erstgeborenen, alles richtig machen (Frühförderung, schulische Förderung, Förderung der Zivilcourage etc.). Er sagte es nie, aber ich spürte, er war stolz auf mich. Ich durfte Eiskunstlauf-Privatunterricht und Gitarrenunterricht nehmen. Ich liebe an meinem Vater seine einfühlsame, mütterliche und hilfsbereite Art und seinen Scharfsinn. Manchmal, wenn es wieder einmal hervorkommt, seine treffenden, intelligent-sarkastischen Bemerkungen.«

Katinka (20) bekundet: »Als ich mit 17 Jahren den Führerschein machte, fuhr mein Vater mit mir geduldig ein Jahr lang als Begleiter. Als ich dann mit 18 alleine fahren durfte, hat er mir, da ich mir als Schülerin noch kein eigenes Auto leisten konnte, seinen heißgeliebten Mercedes anvertraut, wenn ich ein Auto benötigt habe. Neulich wurde mein Vater an der Schulter operiert, sodass er im Frühjahr keine Winterreifen wechseln konnte. Also habe ich das gemacht, so wie er es mir beigebracht hatte. Dass mein Vater mir so viel zutraut, erfüllt mich mit Stolz. Von meinem Vater habe ich die Leidenschaft für Autos geerbt. Mein Traum ist es, irgendwann einmal einen Oldtimer zu kaufen und ihn gemeinsam mit meinem Vater zu restaurieren.«

Ein robuster Vater ermuntert die Tochter zum Abenteuer des Lebens, gleichsam zum Überlebenstraining. Er regt sie an, sich in den sportlichen Wettkampf zu trauen, ihre Stärke zu erproben, handwerkliche Fähigkeiten zu erwerben, eigene Problemlösungen zu entwickeln, kurz nicht zimperlich zu werden, sondern sich auf ihre eigenen Kräfte zu verlassen. Mit dem Psychoanalytiker Carl Gustav Jung zu sprechen, der Vater ermöglicht der Tochter, ihren *animus*, den männlichen Seelenanteil zu entdecken und wachsen zu lassen.

Vaterschätze machen Töchter reich. Manuela spürt: »In Verbindung mit meinem Vater gibt es nur gute Gefühle. Ich verbinde mit ihm Freude und Wohlbefinden. Der Vater starb mit 91 Jahren: »Sein Lebensende war ruhig. Er wollte sterben, nicht mehr essen, nicht mehr trinken. Meine Mutter hat ihn mithilfe eines Pflegedienstes zu Hause gepflegt. Er starb auch zu Hause. Meine Kinder und ich konnten sich von ihm verabschieden. Er starb in meinen und in den Armen meiner Mutter.«

Manuela hat bekommen, wovon kleine Mädchen träumen: »Ich habe mit meinem Vater gemeinsam gesungen. Ich spielte Gitarre, und wir sangen dazu im Duett. Wir haben oft heftig diskutiert. Das war während der Pubertät, und ich fürchte, ich war manchmal nicht besonders nett. Mein Vater blieb immer geduldig und gelassen. Er hat mich gelehrt, anderer Leute Meinung zu achten. Er wollte mich immer nett einkleiden, und wir sind mit dem Zug in die nächstgrößere Stadt zum Einkaufen gefahren. Leider war ich nie besonders modeinteressiert. Er hatte auch Zeit für Gesellschafts- und Kartenspiele. Es ging dabei lustig zu.«

Er war ein anwesender Vater und hat seine Tochter in ihrer Entwicklung unterstützt: »Er war tolerant, humorvoll, interessiert, warmherzig, beschützend und großzügig, sehr hilfsbereit, aufrichtig und bescheiden, wenn es um ihn selbst ging.« Ein, wie Manuela sagt, attraktiver Mann. Auch er hatte es nicht immer leicht: »Mit 20 Jahren musste er Kriegsdienst leisten. Er war neun Jahre lang in Russland, vier davon im Krieg und fünf in Gefangenschaft. Er hat Unmenschliches erlebt. Er kam zwar körperlich unbeschadet zurück, hat aber sein weiteres Leben lang unter Depressionen gelitten.«

Viele der 172 erwachsenen Töchter, die auf meine Fragen antworteten, erkennen: Dieser deutsche Verbrecherkrieg von 1939 bis 1945 war für ihre Väter kein Abenteuer, sondern eine seelische Krankheit, ein traumatisierender Hochverrat der Zivilisation. Der Reichskanzler Otto von Bismarck, ein späterer Virtuose friedenssichernder Bündnisverträge, schrieb bereits am 29. Juni 1870 in einem Rundschreiben an die Vertreter des Norddeutschen Bundes: »Ich betrachte auch einen siegreichen Krieg an sich immer als ein Übel, das die Staatskunst den Völkern zu ersparen bemüht sein muss.« »Ein Tag Krieg«, sagt das chinesische Sprichwort, »heißt zehn Jahre Not.«

Das war das Schicksal vieler Kriegsväter, deren Trauma in der bundesdeutschen Verdrängungsgesellschaft nie bearbeitet wurde. Alexander und Margarethe Mitscherlich beschrieben dieses Seelendrama in ihrem Epochenbuch *Die Unfähigkeit zu trauern*. Bei der Spurensuche nach dem Leben der Väter sollten Töchter diese väterlichen Kriegswunden barmherzig berücksichtigen. Manuela hat dies offensichtlich getan: »Ich bin absolut im Frieden mit meinem Vater. Kurz bevor er starb, konnte ich ihm noch sagen, wie sehr ich ihn geliebt habe und was für ein toller Vater er war. Darüber bin ich froh.«

Als »sehr gut« bewertet Carina die Beziehung zu ihrem Vater, der an der Creutzfeldt-Jacob-Krankheit starb: »Mein Papi hat uns mit einer Hand in die Luft gestemmt; er war immer *Tarzan* und *Häuptling* für mich. Er hatte eine hohe Stimme und bereicherte viele Hochzeiten. Auch heute kann ich das (von ihm gesungene – M. J.) Ave Maria nicht hören. Das Schlimmste war, dass mein Held so krank wurde, dass er sich nicht helfen konnte und wir ohnmächtig und machtlos diesem brutalen Zerfall gegenüberstanden. Meine Mami und unsere Familienidylle zerbrachen daran.« Es war ein Vater, der Carina beschützte und verteidigte. Er war ihr erstes harmloses und doch wichtiges Flirtobjekt, um ihre Weiblichkeit auszuprobieren: »In der Jugend war er stolz auf mich, mein Aussehen, er hat sich aufgebläht wie ein Pfau mit mir. Ich hatte die Gabe, meinen Papi mit meinem Charme verzaubern zu können. Er beschützte mich, wuchs mit mir, wurde fortschrittlich, er war warmherzig, einfach süß.«

Carina verdankt ihm Fähigkeit, Lebensmut, handwerkliche Geschicklichkeit, Bildung und Musikalität. Sie liebte ihren Vater so sehr, dass sie seinen Tod nicht verstehen wollte. Sie verlor vorübergehend »den Boden unter den Füßen, mein Leben und Inhalt, meine Leichtigkeit, meine Unbefangenheit, meinen Spaß und Lachen. Ich habe mich lange Zeit geschämt, wenn ich auf Feste ging und mein Papi unter der Erde lag und fror. Ich hasste jeden Mann, der älter wurde als mein Papa.« Der Vater nahm unbewusst Einfluss auf ihre Partnerwahl: »Ich glaubte, alle Bekanntschaften müssten so aussehen wie mein Papi.« Was von diesem wunderbaren Vater bleibt, rühmt Carina mit der poetischen Liebeserklärung: »Ich liebe dich noch immer und vermisse dich mehr denn je. Wann immer der schönste Stern am Himmel leuchtet, weiß ich, du bist mir nah.«

Ein Russlandheimkehrer war auch Rias Vater, der sich vom Elektriker zum Anlageberater hocharbeitete und heute, nach dem Tod seiner Frau, glücklich mit seiner finnischen Lebensgefährtin ist. Zwar war er aus Verzweiflung über die nörgelnde Ehefrau oft gegen Ria handgreiflich (»Vor den Prügeln hatte ich tagsüber Ängste«) und sicher kein idealer Vater, aber er unterstützte sie: »Es hat ihn sehr wohl interessiert, was ich so mache und treibe. Er hat mit mir gepaukt, er hat mir zum Beispiel mit einer Himmelsgeduld den Rechenschieber erklärt oder Trigonometrie, weil ich in Mathematik ziemlich schwerfällig war. Er war zwar tagsüber nicht da, aber abends war er äußerst anwesend. Oder er hat mich abends auf den Schoß geholt und mit mir zusammen einen alten Wecker auseinandergelegt und mir erklärt und gezeigt, wie so ein Wunderwerk von innen ausschaut und wie das alles funktioniert. Das fand ich spannend.« Bei Herzensangelegenheiten wandte sich Ria nicht an die Mutter, sondern an den Vater. Er war verständnisvoll.

Ria, die als »Leistung-Tochter« (Julia Onken) stolz auf ihre beiden Staatsexamina und ihre Ausbildung zur Gestalttherapeutin ist, fühlt sich dankbar: »Den kühlen Kopf habe ich von meinem Vater, handwerkliches Geschick auf jeden Fall, eigenständiges Denken – erst eine Situation analysieren, beurteilen, dann handeln und erst noch einmal darüber schlafen –, Durchhaltevermögen, Ausdauer, Lebenszugewandtheit, Vitalität, Entschlossenheit, Entscheidungs- und Willenskraft, eine gewisse innere Leichtigkeit, Mut, mich an unbekannte Ufer heranzuwagen.«

Der Vater ist als über 80-jähriger Mann voller Lernbereitschaft. Nach einer Bypassoperation lernte er noch von Ria vieles über Vollwertkost und kaufte sich mit 78 Jahren ein neues Auto. Ria resümiert: »Ich mag seine lebenszugewandte, offene und schnörkellose Art; er ist eigentlich ein leutseliger, redegewandter und inzwischen auch herzlicher Mensch. Er geht offen und gerne auf andere Menschen zu. Seine Großzügigkeit erlaubt es mir, mich manchmal nochmals als kleines Mädchen zu fühlen, das sein Taschengeld bekommt, damit es sich ein schönes Kleid kaufen kann ...«

Das Heben der »Vaterschätze« hat mir, selbst ein Scheidungskind, so viel Freude gemacht, dass ich stundenlang weiter fortfahren könnte. Aber ich fasse mich knapp. Christel lobt ihren Vater: »Er hat mir immer das Gefühl gegeben, dass ich so, wie ich bin, wunderbar bin.« Er war »liberal, fortschrittlich, beschützend, warmherzig, zu gut für diese Welt und selten bestrafend.« Der gelernte Stellmacher strahlte auch körperlich Ruhe und Wärme aus. Er entdeckte Christels Talent zum Nähen, was später zu ihrem Hobby wurde: »Er hat viel mit mir musiziert, gesungen, Mundharmonika, Mandoline gespielt. Erwähnen möchte ich, dass er mir die Liebe zu den Tieren beigebracht hat. Dabei trug er mich auf dem Arm. Er hat mit mir die Tiere im Garten, Igelfamilien, Hasen und alles, was da herumlief, beobachtet. Sonntags ist er mit mir mit dem Fahrrad in den Wald gefahren, und wir haben Vogelstimmen gelauscht. Geliebt habe ich seine ruhige Art. Mir bleibt nur die Erinnerung an einen besonderen Menschen.«

Wir sehen, es ist die Liebe, die der Tochter Halt und Selbstvertrauen gibt. Der Vater befähigt dadurch die Tochter, Dinge zu tun, die sie sonst abschrecken und ängstigen würden. Sie ist das Zaubermittel gegen die Angst und die Mutlosigkeit. Die väterliche Liebe ist ein klassisches Lebenselixier gegen die Frauenfalle der Passivität und Opferhaltung. Das sehen wir auch in der nächsten, geradezu energetischen Vater-Tochter-Beziehung.

Dorle empfand ihren Vater als Vorbild: »Wenn mein Vater und ich gemeinsam ins Feld fuhren, durfte ich auf den Feldwegen mit zehn Jahren den Traktor steuern. Oder abends, nach getaner Stallarbeit, die wir gemeinsam taten, in der Küche mit meiner Laubsäge unter Anleitung meines Vaters arbeiten. Mit 14 Jahren kaufte mir mein Vater einen Kubikmeter Bretter, eine Handsäge, einen Hammer, eine Beißzange und einen Pack Nägel.

Damit habe ich mit meiner jüngsten Schwester ein vier Quadratmeter großes Haus gebaut mit Dachfirst, zwei Fenstern, einer Tür und einer kleinen Veranda. Ich glaube, er war stolz auf mich, auch wenn er es nie sagen oder zugeben konnte.« Pädagogen mögen die nächste Zeile überspringen: »Ich habe nie gelernt für die Schule. Es war viel schöner, mit meinem Vater zusammen zu sein und mit ihm zu arbeiten.« Ihr Vater war bienenfleißig: »Als er mit 56 Jahren starb, hatte er einen kleinen Betrieb erwirtschaftet, vier Hektar Weinberge, ein Hektar Ackerland, ein bezahltes Haus, vier Töchter, die alle eine Ausbildung genossen haben, einen Bauplatz, der erschlossen war. Und er war schuldenfrei. Ich glaube, dass man hier schon stolz sein kann.«

Der Tod des Vaters durch einen Schlaganfall, aber auch das wiederholte Fremdgehen ihres Mannes (»Eine ganz schamlose, schmutzige Geschichte, die mir das Herz zum zweiten Mal brach«) trieb Dorle in einen Suizidversuch, auf den mehrere Aufenthalte in der Psychiatrie folgten. In ihrem Mann hatte sie (vergeblich) einen Ersatzvater gesucht, das konnte sie therapeutisch aufarbeiten. Sie rühmt den ersten Mann in ihrem Leben: »Er war ein fleißiger, treusorgender Vater, der es zu etwas gebracht hat mit seinem eigenen Tun. ›Geht nicht‹ gab es nicht. Er hatte immer eine Idee, Probleme zu lösen.«

Lebenssatte Väter können ihrer Tochter Freude am blanken Sein vermitteln. Die Fähigkeit zur Freude ist eine der nahrhaftesten Fähigkeiten unserer Seele. Freude an unserem So-Sein, Freude an der Welt, die einladend zu unseren Füßen liegt. Die positive väterliche Grundstimmung überträgt sich, gleichsam durch alle Poren, auf die Tochter. Sie gewinnt dadurch Widerstandskraft – *Resilienz*, wie die Psychologie sagen würde – gegen die unvermeidlichen Widrigkeiten des Lebens. »Denn«, so Martin Luther in seinen Tischreden, »ein Herz voll Freude sieht alles fröhlich an, ein Herz voll Trübsal alles trübe.« So hat es auch Renata erlebt.

»Seine sprudelnde Lebensfreude war Vaters größtes Vermächtnis für mich«, erinnert sich Renata: »Er spielte in seiner Freizeit Theater. Immer wieder sang er mir das Couplet des Berliner Volkssängers Otto Reutter vor: ›Nutz den Frühling deines Lebens, leb im Sommer nicht vergebens, denn gar bald stehst du im Herbste und im Winter schon da sterbste.‹ An diese Wahrheit halte ich mich bis heute.«

Einen beschützenden Vater hat auch Sieglinde in Erinnerung: »Ein schönes Kindheitserlebnis war, dass ich immer zu meinem Papi laufen konnte, dass er mich mit offenen Armen aufgenommen und vor den Schlägen meiner Mutter beschützt hat.« Der ostpreußische Vater war ein Vertriebener und hatte es nach dem Krieg nicht leicht. Sieglinde bekennt: »Ich habe mich in seiner Nähe immer sicher gefühlt, auch wenn ich Zahnschmerzen hatte und auf seinem Schoß saß. Das bleibt eine gute Erinnerung und Liebe. Ich war immer das Größte für ihn. Ich tat ihm gut, wenn es Stress oder Streit in der Familie gab.«

Hella meint: »Ich erinnere mich gerne an seine Stimme, seine Hände, seinen Geruch, er war immer eine vertraute Person, warmherzig und gutmütig.« Da er ein Landwirt war, war er ein anwesender Vater. Er war ein bescheidener, religiöser und kinderfreundlicher Vater. Hella: »›Du wirst es schon schaffen‹, war ein typischer Satz, ›mach dir nicht so viele Sorgen, das kriegen wir schon hin.‹ Mein Vater war beliebt, hilfsbereit, engagiert in der Kirche, solange ich denken kann, später Schöffe und immer fleißig. Mit seinen Kindern hat er viel gespielt, geturnt. Anlässlich seiner Beerdigung habe ich einen kleinen Brief geschrieben und in der Kirche vorgelesen. Der letzte Satz war: ›Tschüss, mach's gut. Bis bald!‹«

Vater und Tochter fanden tiefes Gefallen aneinander. Hella: »Man erzählt immer, dass ich als noch ganz kleines Mädchen sonntags auf einem Stein vor dem großen Eingangstor gesessen haben soll und gerufen habe: ›Heute Sonntag, Papa Hause.‹ Sonntags während der Kinderstunde im Fernsehen lag ich dann auf seinem Bauch, während er schlief, und schaute die Augsburger Puppenkiste mit den anderen an.«

Eine gute Vaterschaft ist ein Ursprungsgeschenk und für die Tochter von magischer Kraft. Umgekehrt bezaubert, bereichert und überrascht eine geliebte Tochter den Vater bis in die verborgenen Schichten seines Unbewussten. Während der Sohn für den Vater Gleichartigkeit repräsentiert, stellt die Tochter das Unbekannte, Irritierende und Herausfordernde dar. Der Berliner Kinder- und Jugendpsychiater Horst Petri analysiert die fruchtbare innere Spannung (in: *Guter Vater – Böser Vater. Psychologie der männlichen Identität, S. 179*) tiefenpsychologisch so: »Bei der Tochter dagegen versagt die narzisstische Spiegelung. Sie ist ein Teil des anderen Geschlechts und somit eine Fremde … Diese Tatsache bringt etwas revolutionär Neues in das emotionale Erleben des Mannes ein. Die entsprechende Gefühlsqualität lässt sich am ehesten als ›Erstaunen‹ beschreiben … Dieses Erstaunen wird ihn in seinem Leben noch oft einholen, wird ihn vielleicht immer begleiten, wenn die Tochter heranwächst und hinter ihren Schleiern, ihren Geheimnissen, ihrer Andersartigkeit das Gegenbild langsam sichtbar wird, das sie dem seinen entgegenhält. Die Tochter, eine Rose, Symbol für weibliche Schönheit, Anmut und Liebe, Jungfräulichkeit, Fruchtbarkeit und Wiedergeburt.«

Die Tochter verzaubert und verändert den Vater. Männer gelten dem psychologischen Stereotyp nach als aggressiv, aktiv, autoritär, dominierend, entschlossen, erobernd, innovativ, konkurrierend, kraftvoll, kühn, mutig, selbstbehauptend und selbstsicher, aber auch dickköpfig, gefühlsarm, gewalttätig, überheblich, unempathisch und streitlustig. In der Presse kommen die Männer seit Jahren immer schlechter weg. So sah ich auf einer Fotomontage in einer Zeitung vier Abfallcontainer mit folgenden Aufschriften: »Papier«, »Braunglas«, »Weißglas«, »Männer«. Mit der Tochter und seiner Anrührung durch sie, erhält der Vater die Chance, eine Reise ins Weibliche anzutreten.

Der eher schizoide, das heißt männlich gefühlsabspaltende Vater entdeckt in den Tiefenschichten seines Unbewussten weibliche Gefühlsanteile. Er bricht aus seiner psychischen Taubstummheit auf und gewinnt emotionale Intelligenz. So wie der Vater, wie bereits beschrieben, der Tochter zur Gewinnung des *animus*, der männlichen Seele, verhilft, so schenkt die Tochter dem Vater die *anima*, die weibliche Seele. Sie gewinnt durch ihn die Außenwelt, er durch sie die seelische Innenwelt. Der Vater profitiert von diesem einzigartigen Tochtergeschenk, seiner Faszination durch das taufrische Weibliche. Als bewegter, in Bewegung gekommener Mann lebt und liebt er dann leichter. Er erlebt sich weicher und frecher, offener und friedlicher: Er wird zum Tochter-Mann.

»Kein Tag, an dem ich ihn nicht vermisse«

Vatertod

> *»Ich hatte das Gefühl, nach dem Tod meines Vaters fehlte mir ein sicheres Netz unter mir.«*
> ETHEL

Ein unvorhergesehener und verfrühter Vatertod kann einen Schock auslösen. »Mit dem Tod meines Vaters habe ich das schützende Dach verloren«, schreibt Agatha, »die wandelnde Bibliothek, mein Selbstverständnis als Frau, mein sicheres Zuhause … Ich habe ihn über alles geliebt. Ich liebe ihn bis heute unermesslich und vermisse ihn, 14 Jahre nachdem er gestorben ist, schmerzlich.« Sie war bei seinem Tod 38 Jahre alt. Es war schrecklich: »In der Nacht, als er starb, hat er um ein Uhr morgens Licht gemacht und meine Mutter geweckt. Er habe Schmerzen in der Halsgegend und sie sollte doch bitte den Hausarzt rufen. Meine Mutter war schwer übergewichtig und nicht mehr so mobil. Bis sie wohl aufgestanden, etwas übergezogen und den Arzt angerufen hat, hat es eine Weile gedauert … Die herbeigerufene Spitalambulanz kam zu spät, die Wiederbelebungsversuche waren erfolglos. Der Totenschein ist auf 2.15 Uhr ausgestellt worden. Für mich brach eine Welt zusammen.« Agatha hatte lange Schuldgefühle, weil sie nicht ans Telefon gegangen war, als ihre verzweifelte Mutter sie anrief: »Als sie mir dann die Nachricht vom Tod meines Vaters überbracht haben, habe ich einen furchtbaren Schrei ausgestoßen und fiel wie vom Blitz getroffen auf den Küchenboden.«

Gewiss, der Vater war oft jähzornig, schwieg tagelang und versank in seine Depressionen. Dann war die Luft zum Schneiden. Er quälte seine Familie durch seine versteinerte Miene. Aber: »Mein Vater hat mir das Gefühl gegeben, so wie ich bin, bin ich in Ordnung.« In die tiefe Trauer um den Vater mischte sich Respekt und das Gefühl des Beschenktseins. Agatha: »Mein Vater hat mir enorm viel für mein Leben mitgegeben – den Wissensdurst, die Liebe zu geistigen Dingen, zu Büchern, zur Geschichte, zu Opern, die soziale Ader, die Genauigkeit, die Treue, die Beharrlichkeit. Ich war wohl eine Gefall- und Leistung-Tochter. Ich habe mit Leistungen brilliert, ich war die Einzige von uns vier Kindern, die Abitur gemacht und ein Studium absolviert hat.«

An ihrem Vater, der aus einer armen Arbeiterfamilie stammte und sich zu einem angesehenen Kommunalangestellten hocharbeitete, hat Agatha, außer seinen zornigen Ausbrüchen, »eigentlich alles geliebt«. Sie hatte viel Verständnis für ihn: »Ich würde meinen Vater gerne um Verzeihung bitten, dass ich als Kind nicht zu ihm gegangen bin, wenn er ›versteinert‹, depressiv hinter der geschlossenen Wohnzimmertüre saß.«

Einen schlimmen Vatertod erlebte auch Walburga: »Die letzten Stunden vor seinem Tod sind unklar. Er hat im Weinberg gearbeitet. Er hat vermutlich Pfähle eingehauen. Es war heiß. Hatte er Kopfschmerzen bekommen? Die hatte er oft. Er kam in der Nacht nicht nach Hause. Meine Mutter und mein Schwager fanden ihn im leerstehenden Haus seiner Mutter auf der Couch, ein Kissen vor dem Gesicht und Schaum vor dem Mund. Die Polizei musste gerufen werden, weil er alleine starb. Der Gerichtsmediziner schloss ein Fremdverschulden und Selbsttötung aus, er vermutete einen Schlaganfall. Die Ehe meiner Eltern war zerrüttet. Für meine Mutter war es dennoch eine Katastrophe. Wir erwachsenen Kinder standen (stehen noch?) unter Schock.« 28 Jahre liegt das Drama zurück.

Einfach war das Verhältnis zu diesem Vater nicht: »Als ich neun oder zehn Jahre alt war, sollte ich in der Herbstzeit, während der Weinlese, zur Apotheke laufen. Es war dunkel und kurz vor Ladenschluss. Es waren etwa zwei Kilometer zu laufen. Ich wollte nicht. Das Fernsehen lockte. Da ich mich widersetzte, schlug er mit seinen Fäusten auf mich ein. Zu meinem Glück war meine Oma noch im Haus und ging dazwischen. Am nächsten Tag musste ich mit blauen Flecken im Gesicht zur Schule und Lügen erzählen. Ich habe mich so geschämt, fühlte mich unschuldig und im Unrecht bis heute.« Und: »Tagsüber kann ich bis heute kein

Buch in die Hand nehmen, ohne ein schlechtes Gewissen zu haben. Kommt jemand die Türe herein, lege ich es sofort weg und stehe auf. Lesen war nicht arbeiten, und Arbeit gab es genug. Gelesen habe ich heimlich und nachts.«

Der gleiche Vater bezahlte Walburga aber das teure Internat: »Als älteste Tochter musste ich ganz schön hinlangen und mithelfen. Wenn er unterwegs war, bekamen wir Arbeiten zum Erledigen, wie zum Beispiel Weinflaschen spülen (5000 bis 10 000 Stück). Die vier Internatsjahre brachten mich vorwärts und aus der Schusslinie. Dafür, dass ich diese Schule besuchen durfte, bin ich dankbar.« Der Vater war im Hauptberuf Winzer und ein sogenannter Mondscheinbauer im Nebenerwerb. Als Zehnjährige musste Walburga die Melkmaschine bedienen und in Abwesenheit der Eltern die Verantwortung für den Stall übernehmen. Die Ehe ihrer Eltern war zerrüttet: »Er litt darunter, dass er keinen Sohn hatte. Als Kind habe ich oft mitbekommen, wie er meine Mutter zum Geschlechtsverkehr gezwungen hat. Er war nicht sehr einfühlsam.«

Trotz allem war dieser Vater ein tapferer »Selfmademan«, wie Walburga ihn nennt: »Mir imponierte, dass er mit wenig angefangen und sich durchgeschlagen hat. Dass er den Mut hatte, eine Familie zu gründen. Dass er sich begeistern ließ für Dinge, die ihm lagen, wie etwa die Landwirtschaft, Haus, Schuppen, Überdachungen zu bauen, umzubauen, herzurichten, sein handwerkliches Geschick, seine Spontanität.« Allerdings wollte sie selbst, wie viele Bauerntöchter, weder einen Landwirt noch einen Winzer heiraten. Noch steht Walburga vor der Aufgabe, Frieden mit ihrem Vater zu schließen. Sie hat sich professionelle Hilfe geholt: »Meine Ärztin hat mir empfohlen, einen (imaginären – M. J.) Brief an meinen Vater zu schreiben. Sie fragte mich, ob ich Rituale mag, und hat mir vorgeschlagen, ein Lagerfeuer im Garten zu machen und den Brief zu verbrennen. Vielleicht schaffe ich das. Ich hoffe, dass ich mit dem Thema irgendwann, vielleicht schon bald, abschließen kann und es mir dann besser geht.«

Anhaltende Trauer verspürt auch Rosa über den Tod ihres Vaters: »Wir kannten unseren Vater immer pfeifend und zufrieden. Er war ein gut aussehender ›männlicher‹ Mann. Trotz fehlender Schulbildung konnte er alles. Er wusste ungeheuer viel. Er hat nie Bücher gelesen, wusste aber im Gartenbau Bescheid, konnte Autos und Uhren reparieren, hat sich sein Werkzeug aus Weggeworfenem selber gebaut, kleine pfiffige Erfindungen gemacht… Für mein Leben mitgegeben hat er mir sicher Durchhaltevermögen, handwerkliche Geschicklichkeit, Neugierde und seinen Humor, aber auch das Verlangen, dass mich alle mögen oder lieben sollen.«

Seine zum Tode führenden Krankheiten waren schlimm: »Die letzten fünf Jahre seines Lebens hat er viel gelitten. Der Defibrillator ist ständig angesprungen (immer mit 800 Volt und meistens aus Fehleinstellungen). Das war traumatisch für meinen Vater. Er wurde immer schwächer, hatte zunehmend Luftnot. Zum

Schluss wurde auch noch ein Lungenkrebs diagnostiziert. Ich war beeindruckt, mit welcher Kraft und Hoffnung er gekämpft und immer wieder an seine Besserung geglaubt hat.«

Aber es sollte nicht sein. Die letzten Wochen verbrachte der Vater im Hospiz: »Dort hatte er dann aber noch einmal deutlich gemacht, dass Mutter die große Liebe seines Lebens war; überhaupt hat er uns alle noch einmal mit Liebe überschüttet. Diese Zeit war geprägt von Verzweiflung und Traurigsein. Er hat mich gefragt, ob er nun bald gehen müsse und wohin denn, dass er uns alle dann ja nie wiedersieht.« Rosa vermochte ihm diesen religiösen Trost nicht zu spenden: »Dass ich meinem Vater in dieser Zeit nicht helfen konnte, ihm nichts Beruhigendes sagen konnte (ich bin ja längst ›vom Glauben abgekommen‹), das geht mir nicht mehr aus dem Kopf und aus dem Herzen. Damit werde ich nicht fertig.« Ihre Vaterbeziehung war »super«: »Mit dem Tod meines Vaters habe ich einen von zwei Menschen verloren, die mich wirklich bedingungslos lieben. Die Zweite ist eine 20 Jahre ältere Freundin.« Was bleibt? Rosa gibt eine Antwort gleichsam unter Tränen: »Dieses Leuchten in den Augen und sein strahlendes Gesicht, wenn mein Vater mich gesehen hat. Zu Lebzeiten war das normal und nichts Besonderes für mich, jetzt in der Erinnerung ist es unbeschreiblich – und tut so weh.« Wie lautet das russische Sprichwort: »Eines Vaters Segen kann nicht im Wasser ertränkt noch im Feuer verbrannt werden.«

»Er war ein großer Mann, und ich liebe große Männer, obwohl mein Ehemann normal von Statur ist«, bekennt Sonja. Sie erlebte ihren Vater als Beschützer und Lehrer. Mit drei Jahren verlor sie den 34-jährigen Vater, »und ich leide heute noch darunter. Er ist einfach nicht wiedergekommen. In der Schule bin ich gehänselt worden, so ohne Vater aufzuwachsen. Es war schwer für mich, und dadurch ist ein Panzer um mich gewachsen.« Der Vater war Kettenraucher und wohl auch dadurch schwer krank. Sonja wuchs in einer tollen Familie auf: »Meine Eltern liebten mich sehr, mein Vater abgöttisch, vom ersten Tag an, vom Krieg zurückgekehrt. Was bleibt, ist das Bild, wie er auf der Trage liegt, uns verlässt und nicht wiederkommt.«

Sonja möchte so gerne Frieden finden, »Ich weiß bloß nicht, wie«. Vielleicht, liebe Sonja, findest du ihn in diesem Buch in den Lebensaufarbeitungen der Vaterwunde anderer Frauen. Vielleicht wird aus deiner Frage an den Vater, »Ich hab dich so lieb, warum bist du so zeitig gegangen?«, der neue, *positive Einstellsatz*: »Du bist so zeitig gegangen, und ich habe dich so lieb.«

Natürlich gehören der Tod wie das Leben zur Weltordnung. Ein türkisches Sprichwort besagt: »Der Tod ist ein schwarzes Kamel, das an jedermanns Tor kniet.« Doch die Frage ist immer, *wie,* in welchem Alter und in welcher Lebensverfassung wir den Tod eines geliebten Menschen erleben. Ethel resümiert ihre Vaterbeziehung auf der einen Seite mit Dankbarkeit: »Es bleibt die Bewunderung für ihn, und ein wenig bin ich stolz, seine

Tochter zu sein. Er hat mir etwas von seiner Art mitgegeben, die Dinge anzupacken und nicht so leicht aufzugeben. Ich hoffe, es gelingt mir.« Andererseits erinnert sich Ethel voller Schmerz an den Super-GAU des väterlichen Todes: »Ich hatte das Gefühl, nach dem Tod meines Vaters fehlte mir ein sicheres Netz unter mir. Ich erkannte jedoch, dass ich mich auf ihn hätte verlassen können, wenn ich wirklich in Not gewesen wäre. Unsere Familienstruktur fiel auseinander. Er hat alles zusammengehalten. Meine Mutter war und ist damit überfordert.«

Natürlich berichten die Töchter auch oftmals von einem guten Tod wie Ulla: »Vater starb, weil sein Herz schwach war. Er wollte nicht zum Arzt, solange mein Mann und ich noch nicht aus dem Urlaub zurück waren. Er ging direkt nach unserer Rückkehr ins Krankenhaus. Die Ärzte gaben ihm noch zwei Wochen. Diese zwei Wochen habe ich am Bett meines Vaters verbracht. Gefühlte 24 Stunden, tatsächlich vielleicht acht Stunden am Tag. Wir haben geredet, gelacht, ich habe ihn gestreichelt. In der Stunde seines Todes habe ich ihn berührt. Mein Mann, meine Mutter und meine Schwägerin ebenfalls. Es war ein schönes Erlebnis für mich, für das ich dankbar bin. Ich gehe jede Woche mit meinem Sohn schwimmen, weil das für mich eine so schöne Kindheitserinnerung an meinen Vater ist. Ich gehe oft zum Grab. Ich denke jeden Tag an ihn. Mein Bruder und ich scherzen oft über ihn und kriegen dann auch schon mal feuchte Augen.«

Väter sind Menschen mit allen Widersprüchen wie die Mütter, Töchter und Söhne. Anna erinnert sich: »Mein Vater war ein klassischer Fall von suizidgefährdetem Mensch, geprägt durch seine eigene Kindheit. Er war herrschsüchtig und autoritär, leichtgläubig und naiv, selbst nach Anerkennung und Liebe suchend, auch in all den Dingen, die Emotionen und Gefühle betreffen, extrem unbeholfen. Dabei war er strebsam und klug. Die Familie hatte seine Gefühlsschwankungen in allen Varianten zu ertragen. Nach außen war er stets fröhlich und hilfsbereit, sachlich und in seinem Beruf ein ausgezeichneter Arbeiter und Ausbilder. Er hatte so beide Seelen in sich. Es war nur nötig, sofort zu erkennen, welche grade bedient werden musste.«

Der Lokführer konnte »ganze Hallen mit seiner Freude füllen und die Leute zum Lachen bringen. Er hat sich für Schwächere eingesetzt und sich selbst dabei meist vernachlässigt. Er versuchte, gerecht zu sein, so gut es ihm möglich war. Zum Beispiel war er Mitglied der SED und glaubte mit einer Naivität an das, was in den Statuten stand. Als ich zur Kirche kam und in die Christenlehrestunde gehen wollte, erlaubte er das. Zu meiner Taufe (mit 14 Jahren) kam er mit in die Kirche. Das hat ihm fast ein Parteiverfahren eingebracht. Er glaubte an die Glaubensfreiheit, die ja festgeschrieben stand. Dass er sich da so hatte herumführen lassen, hat ihn in seinem Innersten erschüttert. Er war so enttäuscht von sich selbst.«

Die Katastrophe deutete sich nach der politischen

Wende an: »Dass er als alter Lokführer im Dienst bleiben durfte und seine jungen Kollegen, zum Teil von ihm ausgebildet, aus dem Dienst genommen wurden und nun Gleise reinigen mussten, hat ihm unendlich zugesetzt. Er verstand die Welt nicht mehr. Als er dann bei einem Massenauffahrunfall mitbeteiligt war und meine Mutter sich dabei durch den Gurt das Schlüsselbein brach, kamen die Schuldgefühle noch dazu und gaben ihm den Rest. Er sah keinen anderen Ausweg mehr, als den Freitod zu wählen. Das war 1994.«

Was hatte dieser Mann für zarte Seiten! Anna gerät über ihren komplizierten Vater (»Man wusste bei ihm nie, woran man eigentlich war«) fast ins Schwärmen: »Seine wunderschönen Geschichten, die er erzählen konnte, als ich noch ein kleines Kind war. Mit mir im Garten auf der Bank zu sitzen, dabei etwas soeben Geerntetes vom Gartenbeet zu knabbern und Kinderträume zu erzählen. Von den Tieren, den Feen und Kobolden im Wald, den Männlein auf den Wiesen usw. Er hat mir das Sehen mit dem Herzen gezeigt, immer dann, wenn es ihm gut ging. Dann waren wir gemeinsam Kinder, und das war schön.«

Die Selbsttötung eines Vaters ist ein einziges Drama. Frau und Kinder können sich nicht verabschieden. Meist bleibt eine Mischung von Wut, Schuldgefühlen und Sehnsucht zurück. Ich habe darüber in meinem Buch *AussichtsLos. Selbsttötung. Vorbeugung und Hilfe für Gefährdete und Angehörige* ausführlich geschrieben.

Selbst heute inmitten einer aufgeklärten Gesellschaft ist der »Selbstmord« immer noch oft ein Tabuthema. Das liegt schon in der anstößigen Formulierung des Begriffes begründet. Hat hier wirklich jemand gemordet? Kann man sich selbst morden? Definiert nicht das Strafrecht den Mord als vorsätzliche Tötung eines Menschen aus »Mordlust«, zur Befriedigung eines Geschlechtstriebs, aus Habgier und aus anderen »niedrigen Beweggründen«? Nennt der Gesetzgeber nicht ausdrücklich die Attribute »heimtückisch«, »grausam«, »mit gemeingefährlichen Mitteln«? Dient der Mord nach dem Strafgesetzbuch nicht gar dazu, »eine Straftat zu ermöglichen oder zu verdecken«? Wir sehen hier schon: Das diskriminierende Wort »Selbstmord« ist nicht zu halten. Es beleidigt den Menschen nachträglich, der diesen *Notausgang* aus dem Leben gewählt hat. Sprechen wir also sachlich vom Suizid (von lateinisch *suum caedere, sich selbst töten*).

Nicht selten vertuschen die Angehörigen den Suizid eines Familienmitglieds. Sie fürchten das Gerede in der Öffentlichkeit oder sie wollen die Kinder des so gewaltsam aus dem Leben Geschiedenen »schonen«. Das erlebte auch Traute: »Ich habe meinen Vater nie erlebt. Er starb mit 35 Jahren, als ich ein Jahr alt war. In unserem Haus hing kein Foto von ihm. Meine Mutter und meine Großeltern väterlicher- und mütterlicherseits schwiegen über ihn. Es war wie eine geschlossene Abwehrfront. Er sei, sagten sie, an einem plötzlichen Herztod »verschieden«. Seltsamerweise hörte ich nie etwas Gutes über ihn. Im Allgemeinen werden doch Verstorbene, vor allem wenn es sich um Ehemänner handelt, eher idealisiert. Mit 14 Jahren entdeckte ich, in einem Buch meiner Mutter versteckt, ein Foto meines Vaters: Er sah aus wie das blühende Leben, schlank, braun gebrannt, im Tennisdress, der Jahresangabe auf der Rückseite des Bildes zufolge ein Jahr vor seinem Tod.

Plötzlicher Herztod? Ich stutzte. Ich befragte meine Mutter über den seltsamen Umstand. Sie stotterte herum. Ich spürte, da war etwas faul. Geschwister konnte ich nicht fragen. Ich bin ein Einzelkind. Auch mein Stiefvater behauptete, nichts Näheres über die Krankheit meines Vaters zu wissen. Ob ich die Todesanzeige lesen dürfe, insistierte ich. Die sei verloren gegangen, erwiderte man mir. Ob mein Vater ein guter Mann gewesen sei, wollte ich wissen. Meine Mutter antwortete: ›Na ja. Es war nicht leicht mit ihm.‹ Wie ich das zu verstehen habe, wollte ich wissen. Mutter wich aus. Ob es weitere Fotos von ihm gäbe, bohrte ich nach. Da rutschte es meiner Mutter heraus: ›Nein, die habe ich vernichtet.‹

Vernichtet? Dann musste doch etwas Böses passiert sein, dachte ich. Ich fragte, fragte und fragte. Doch wieder stieß ich auf eine Mauer des Schweigens. Gab es da etwas zu vertuschen? Jahre später, ich war inzwischen 18, fiel mir ein, dass meine Mutter einmal den Namen eines Arbeitskollegen meines Vaters erwähnt hatte. Ich suchte dessen Adresse im Telefonbuch – und ging zu ihm. Der Mann war überrascht. Er freute sich aber über meinen Besuch. ›Ich weiß noch‹, sagte er freundlich, ›wie riesig dein Vater sich über deine Geburt gefreut hat. Und jetzt bist du so groß und schön geworden!‹

›Wie haben Sie seinen Tod verkraftet?‹, fragte ich etwas scheinheilig, denn ich vermutete inzwischen bereits etwas Schlimmes. ›Nun ja‹, meinte der Mann, ›so ein Selbstmord ist ja immer eine Tragödie.‹ Ich ließ mir nichts anmerken. ›Ich begreife nicht‹, führte ich das Gespräch fort, ›warum er seine Situation als so aussichtslos sah!‹ Ich sprach einfach ins Blaue hinein. Der ehemalige Arbeitskollege widersprach vehement: ›Aber denke doch, er hatte als Prokurist 120 000 DM unterschlagen. Es war zum Prozess gekommen. Er war zu drei Jahren Gefängnis verurteilt. Er stand kurz vor Strafantritt. Diese Schande hat er nicht ausgehalten. Da hat er sich erhängt. In eurem Haus. Auf dem Dachboden. In einem Abschiedsbrief an deine Mutter hat er sie um Verzeihung gebeten. Aber glaube mir, er war so ein lieber und sonst so fröhlicher Kerl. Doch die Spielsucht hat ihm das Genick gebrochen.‹«

Traute hat ihre Familie mit der Wahrheit konfrontiert. Sie hat sie damit im gewissen Sinn von dem malignen, also krebshaft metastasierenden *Familiengeheimnis* erlöst. Endlich konnte über den Toten gesprochen werden.

Traute: »Er hatte so viel schöne Seiten, er war charmant, ein Lebensgenießer und betete meine Mutter an. Heute als 60-jährige Frau erkenne ich, es war eine

Kurzschlusshandlung. Ich spüre Verständnis für ihn. Ich selbst stand einmal in meinem Leben kurz nach dem Tod meines zweiten Kindes und der kurz darauf erfolgten Scheidung knapp vor dem Suizid. Seit ich Vater verziehen habe, spüre ich Sehnsucht nach ihm. Ihn einmal in den Armen halten. Einmal von ihm gestreichelt werden! Jetzt muss ich beim Schreiben dieser Zeilen weinen.«

Wie schwer ist die Trauer bei einer Selbsttötung. Ein Mensch ist gewaltsam gegangen. Er lässt, wie wir sahen, besonders das Kind und den späteren Erwachsenen voller Fragen zurück. Die Suizidtrauer ist neben der Trauer um ein Kind wohl die schwierigste Form der Trauer. Nicht selten mündet sie in Depression oder Verzweiflung. Wenn eine Tochter die Selbsttötung des Vaters nicht gefühlsmäßig und geistig verarbeitet, bleibt das Unverstandene oder Verdrängte wie ein Krebsgeschwür in ihr. Traute hat die Tragödie ihres Vaters erforscht und ihn dadurch liebend in ihr Herz genommen. »Amor vincit omnia«, sagte der Dichter Ovid (43 v. Chr. – 17 n. Chr.), »die Liebe besiegt alles.«

»Was bleibt, ist eine Leere«
Scheidungstöchter

> *»Heute tut es mir leid, dass ich ganz auf der Seite meiner Mutter stand und ihn damals verurteilt habe.«*
> NADJA

Väter sind für ihre Kinder genauso prägend wie die Mütter. Umso schlimmer ist die Scheidungsrealität: Rund 60 Prozent aller Scheidungskinder verlieren nach der Trennung ihrer Eltern den Kontakt zu ihrem Vater. Diese verdrücken sich oft auch finanziell und müssen gerichtlich zu den gesetzlichen Unterhaltsleistungen nach der Düsseldorfer Tabelle gezwungen werden. Öffentliche Kassen strecken jährlich eine halbe Milliarde Euro den Müttern als Unterhaltsleistungen vor. Weniger als ein Drittel davon können sie bei den *Fluchtvätern* eintreiben.

Das Auseinandergehen der Eltern ist für Kinder ein Schicksalsschlag, den sie ein Leben lang nicht vergessen. Das Leben ist in Unordnung geraten, die alten Sicherheiten werden über Nacht brüchig. Das kindliche Urvertrauen an Vater und Mutter, also an den »Gottvater« und die »Mutter Gottes« erlischt. Das Kind wird »ungläubig« im Sinne eines *Urmisstrauens* (Erik Erikson). Die Scheidung ist seit Jahrzehnten zum Massenphänomen geworden. Auf dem Land wird jede dritte, in der Großstadt jede zweite Ehe geschieden. Hinzu kommt, dass sich der Anteil nicht-ehelicher Geburten seit den 1970er-Jahren in Deutschland verdreifacht hat. Das hat Konsequenzen auch für die Kinder: Immer mehr Paare vermeiden die juristische Bindung einer Ehe und die daraus resultierenden Folgen, besonders bei der Auflösung. Die nichteheliche Lebensgemeinschaft kann jederzeit und weitgehend folgenlos beendet werden. Denn im Regelfall gibt es bei dieser Trennung keine gegenseitigen Unterhalts-, Versorgungs- oder Vermögensausgleichsansprüche. Diese Lebensform stellt damit nicht nur für die Frauen, sondern auch für die Kinder ein beträchtliches Risiko dar. Sie werden, wie viele Scheidungskinder, fallen gelassen.

Scheidungstöchter sind (wie Scheidungssöhne) fast immer geschädigt. Das ist eine Tatsache. Das spricht jedoch nicht gegen die Notwendigkeit von Scheidung. Denn wenn ein Paar an einer Ehe festhält, die längst nicht mehr lebbar ist, dann kann dies eine vielleicht noch schlimmere, vergiftete Kindheit für Töchter und Söhne bedeuten.

Natürlich gibt es auch wundervolle Väter, vor allem in der jüngeren Generation, die alles für ihre Scheidungskinder tun und voller Liebesfähigkeit sind. Aber das ist hier nicht das Thema. Die Briefe der Scheidungsopfer sprechen eine deutliche Sprache. Dora kommentiert: »Allein die Tatsache, dass er unsere Familie mit vier Kindern, ich bin die Jüngste, verlassen hat, hinterlässt in mir ein starkes Gefühl von ›Nicht-geliebt-worden-Sein‹. Mein Bewusstsein brach erst auf, als ich mich selbst in einer tiefen Ehekrise mit meinem ersten Mann befand und ich mich trennen wollte. Da ließ ich es zum ersten Mal zu, meine Wut, meine Trauer, meine Verzweiflung über das Verlassen-worden-Sein von meinem Vater, und ich ging mit ihm (innerlich) ins ›Gericht‹. Das war ein tiefer innerer Prozess für mich.« Was für sie bleibt, ist die Erinnerung, dass sie die Musik liebte: »Die Liebe zur Musik kann ich heute als Geschenk von ihm an mich annehmen.« Aber der *Vatermangel* hat Dora geprägt: »Ich habe ein Stück meiner Kindheit verloren – mir fehlt der männliche Part in der Familie, die männliche Energie.«

Sicher kann man das Scheidungsschicksal und den »Bösewicht« Vater nicht für die eigene Lebensmisere verantwortlich machen. Das hat beispielhaft Walter Kohl, der älteste Sohn des Altbundeskanzlers, in seinem fesselnden Buch *Leben oder gelebt werden. Schritte auf dem Weg zur Versöhnung* gezeigt. Er schildert darin, wie er, als der Vater Helmut Kohl den Kontakt mit ihm, dem erwachsenen Sohn, abbrach und ihn und seinen Bruder Peter von der Hochzeit mit seiner neuen Frau Maike ausschloss, fast verzweifelte. Walter Kohl plante sogar einen Suizid durch einen vorgetäuschten Taucherunfall. Dann wagte er eine radikale Umkehr. Er verließ das »Opferland«, wie er es nennt. Er gewann wieder Lufthoheit und Kompetenz über sein Leben und entschloss sich sogar dazu, seinen schwierigen, aber bedeutenden Vater zu lieben.

Viele treibt die Tragödie der Eltern in die Sucht. Stella berichtet: »Die Ehe meiner Eltern ging auseinander, als ich sieben Jahre alt war. Nach der Trennung meiner Eltern habe ich eine ausgeprägte Sucht nach Süßigkeiten entwickelt. Über Jahre habe ich Unmengen von Zuckerzeug in mich hineingestopft. Um die Sucht zu bedienen, habe ich keine Mittel und Wege gescheut: So begann ich im Alter von acht Jahren eine regelrechte Beschaffungskriminalität. Ich habe Geld gestohlen, wo auch immer das möglich war. Ich habe meine Mutter bestohlen, deren neuen Lebenspartner und Freunde ebenso. Nicht nur kleine Beträge, sondern vorzugsweise 10-, 20- und 50-Mark-Scheine, damit ich mir ordentlich ›Stoff‹ besorgen konnte. Mit dem Geld bin ich dann schon vor Schulbeginn zu einem Bäcker gefahren, bei dem auf der Theke farbiges Zuckergummizeug verkauft wurde.«

Der Vater hat Stella nicht positiv gespiegelt: »Ich befinde mich auch heute noch und immer wieder auf der verzweifelten Suche nach dem Wunderbaren in und an mir. Oft fühle ich nagende Selbstzweifel, stelle Sinn und Zweck meiner Existenz infrage und plage mich meinem Selbstwertgefühl auf unsicherem Boden. Mein Vater hat mich abgewertet und war desinteressiert an mir. Er war zudem ein abwesender Vater.« Das führte zu einem unterwürfigen *Bindungsverhalten*. Stella: »Ich suche Bestätigung durch meinen Partner und verliebe mich in den nächstbesten Mann, der mich toll findet. Auf der körperlichen Ebene: Ich suche Männer mit Fülle. Der schmale schlanke Körper, wie der meines Vaters, scheint mir keinen Halt bieten zu können.«

Dennoch bewundert Stella ihren Vater: »Er war und ist immer wieder mutig und in der Lage, eine neue Lebenssituation zu gestalten, er ist vielseitig und aufgeschlossen. Er hat einen wunderbaren Humor.« Was bleibt, lese ich nach all den Erniedrigungen Stellas mit Erstaunen: »Ich bin sehr froh, einen solchen offenen und bewegten Vater zu haben.« Das zeigt, Feindbilder und Schwarz-Weiß-Zeichnungen werden meist auch den Scheidungsvätern nicht gerecht. Sie sind eben Menschen aus Fleisch und Blut. Wie sehr wir uns auch dagegen wehren, wir sehnen uns nach ihrer Liebe. Im tiefsten Winkel unseres Herzens lieben wir sie auch. Wir reden schlecht über sie, weil die Wut leichter auszuhalten ist als die Trauer um sie. Besonders Töchter sprechen häufig mit der *geliehenen Stimme ihrer enttäuschten Mutter* und in weiblicher Solidarität schlecht *über* den Vater, anstatt *mit* ihm zu reden. Ein Vater-Tochter-Gespräch, vielleicht über viele Hürden auf beiden Seiten hinweg, könnte sie erlösen: Tochter und Vater.

Funkstille – das ist häufig das schmerzstillende Medikament von Scheidungskindern. Theresa verlor ihren

Vater mit zwei Jahren. Er hat sich wenig um sie gekümmert und Theresa, als sie ein Jahr bei ihm lebte, rausgeschmissen. 2013 startete sie einen Annäherungsversuch an seinem Geburtstag: »Seitdem kam jedoch nichts mehr von ihm. Somit ist die Sache also für mich erledigt. Das ist in Ordnung, so wie es ist. Mein Freund war bei dem Besuch eine starke Stütze. Ohne ihn wäre ich auch nicht hingefahren.« Ist wirklich alles in Ordnung? Immerhin liebt Theresa des Vaters »Offenheit, seine Lässigkeit, seine Liebe zu den Hunden und seine Tattoos«: »Mein Vater hat beide Arme tätowiert und war schlank, was mich schon immer beeindruckt hat. Die Liebe zu Tattoos und Körperschmuck habe ich von ihm.« Kann man so einen spannenden Vater, liebe Theresa, wirklich als »Sache« abhaken, auch wenn er, wie du schreibst, alkoholkrank ist?

Der österreichisch-amerikanische Psychoanalytiker Paul Watzlawik hat einmal (in: *Anleitung zum Unglücklichsein*) den Grundsatz aufgestellt: »Man kann nicht Nichtbeziehung haben.« Das gilt auch für uns und unsere Eltern. Sie sind in einer unvertretbaren Weise *unsere* Eltern, ob »gut« oder »schlecht«, unablösbar in unserem Innern. Wir können ihnen nicht entrinnen, selbst wenn wir auf die andere Seite des Erdballs, nach Australien auswanderten. Vater und Mutter sind unsere ersten Ich-Bildner. Karl Jaspers betont daher (in: *Philosophie* II, S. 319): »Nicht ich habe meine Eltern wählend bestimmt. In einem absoluten Sinn sind sie die meinigen. Ich kann sie, wenn ich etwa möchte, nicht ignorieren, ihr Wesen, selbst wenn es fremd erscheinen sollte, steht zu dem meinigen in inniger Gemeinschaft.«

»In Gedanken an meinen Vater überwiegt leider der Groll«, meint Mara. Groll ist ein schlechter Ratgeber. Mara, ein Einzelkind, mit sechs Jahren eine »geschiedene Tochter«, leidet unter dem desinteressierten Vater, obgleich er ihr Musikalität und Bildung mitgegeben hat. Sie tut sich schwer mit dem Leben: »Als ich 20 Jahre alt war, war ich normalgewichtig. Dann hat mich mein erster Freund verlassen, und ich war unglücklich mit meiner Berufsausbildung. Ich bekam meine erste Depression. Im Laufe der Jahre habe ich sehr viel zugenommen. Jetzt bin ich schwer übergewichtig.« Während ihres Studiums wurde entdeckt, dass Mara eine bipolare Störung hat, also das Krankheitsbild des Manisch-Depressiven: »Weil ich mehrmals in der Psychiatrie war, hat mein Studium neun Jahre gedauert, aber ich habe es fertig gemacht, worauf ich stolz bin. Jetzt bin ich 33 Jahre alt und habe noch nie wirklich gearbeitet, was mich unglücklich macht und mir Sorgen bereitet.«

Mara schreibt über ihr Verhältnis zu ihrem Papa, den gebürtigen Kroaten und tüchtigen Abteilungsleiter: »Trotz allem liebe ich meinen Vater. Ich würde mir wünschen, dass er sich einmal von sich aus bei mir melden würde. Dass er Interesse an mir und meinem Leben zeigen würde. Was bleibt, ist eine tiefe Sehnsucht, die ich schon seitdem ich ein Kind bin verspüre, und die sich wohl nie so richtig stillen lassen wird.« Einspruch, liebe Mara. Die Liebe ist eine Holschuld. Wie wäre es, wenn du auf deinen Vater zugingst und dir die Zuneigung holst? Du erwiderst, »das hat keinen Sinn«. Ich bin mir da nicht sicher. Ich halte mich da an ein altes deutsches Sprichwort: »Umarme deinen Gegner, bis er sich ergibt.«

Franziska hat mir ein farbiges Vater-Tochter-Foto geschickt, das mich beim Betrachten immer wieder aufs Neue fasziniert. Hier der Künstlervater mit seinem Charakterkopf, dort die schöne Tochter mit ihrem klaren Gesicht. Der Scheidungsvater litt an einer hämolytischen Anämie, die ihn Schritt für Schritt umbrachte. Am Ende erstickte er 2012 im Krankenhaus. Er war in seinen letzten Lebensstunden allein. Franziska steckt voller Faszination und zugleich Zwiespältigkeit: »Auf der einen Seite ist da ein Anklang von Liebe, Bewegtheit und Stolz auf ihn, auf der anderen Seite ist Wut und Groll auf die Umstände des Lebens. Wenn ich heutzutage männliche Freunde mit Töchtern beobachte, die ihre Töchter knuddeln und herzen, da bin ich regelrecht neidisch und traurig.« Franziska empfand den Vater als »unnahbar, abweisend, streng, gut aussehend, sehr gebildet, belehrend und wenn, dann sehr laut und sympathisch lachend. Er war für mich interessant und spannend, doch zugleich wollte ich ihn innerlich wegstoßen. Ich habe ihn auf ein Podest gestellt, ihn, den allwissenden und begabten Künstler.«

Der Vater kam aus seinem Seelengefängnis nicht

heraus: »Er hat jämmerlich gelitten unter dem Scheitern seiner zwei Ehen, aber kaum auf seinen Anteil geschaut. Meine Halbschwestern haben ihn häufig gebeten, sich mit sich, seiner Vergangenheit und seiner Exfrau zu versöhnen, Frieden zu schließen, denn er wurde immer verbitterter. Aber er war gefangen in seiner Verachtung den Frauen und sich selbst gegenüber. Wir Töchter sind der Ansicht, dass er letztendlich ursächlich aus Verbitterung so krank geworden ist.«

Aus Arbeitsüberlastung brach Franziska im März den Kontakt mit ihm ab. Im November war er tot: »Als er gestorben war, hielt meine Welt für einen Moment an, und meine Arbeit war total unwichtig. Wie konnte ich nur die Arbeit dem Kontakt mit ihm vorziehen?« Bis in die Partnerwahl ist Franziska dem Vater verpflichtet: »Leider ertappe ich mich manchmal dabei, dass ich mich gegenüber meinem Ehemann wie ein Kind verhalte und ich mir wünsche, er würde in dem Moment eine Vaterrolle mir gegenüber einnehmen. Ich weiß, dass das ungesund ist. Ich merke, dass ich ältere Männer genauso wie meine Väter (gemeint ist auch der Stiefvater – M.J.) auf den Podest stelle und ihnen gegenüber ›gefallsüchtig‹ werde. Das ist mir mit ›meinem Professor‹ im Studium, dem musikalischen Leiter meiner Band und auch diversen anderen Männern passiert.« Künstlerisch begabt wie ihr Vater, spielt die Tochter des Malers und Steinbildhauers Klarinette und Schlagzeug und zeichnet. Inzwischen hat sie eine enge Freundschaft zu ihren beiden Halbschwestern gewonnen. Sie würde ihren Vater gerne darum um Verzeihung bitten, dass sie zeitweilig so wenig Kontakt zu ihm gesucht hat. Noch braucht sie Zeit zur Vaterversöhnung: »Ich habe ihm teilweise verziehen, aber noch nicht richtig, da ich zuvor auch alle Wut und Trauer erstmals ›richtig‹ zulassen musste.« Das ist in der Tat die Voraussetzung für die *Vaterversöhnung*: Wut und Trauer zulassen.

Vaterversöhnung hat Silke an Vaters Krankenbett gefunden. Es war das Ergebnis eines außergewöhnlichen »Zufalls«. Silke: »Mein Vater wurde in das Krankenhaus, in dem ich als Funktionsleitung der endoskopischen Abteilung tätig war, eingeliefert. Ich war vor unserer Begegnung nervös und aufgeregt. Als mein Vater dann im Bett liegend in unsere Abteilung gebracht wurde, schlief er. So hatte ich Zeit, ihn einen Moment zu betrachten. Er war eingefallen und müde, von der Krankheit gezeichnet. Der Ausdruck trifft es. Nachdem wir alleine im Untersuchungsraum waren, habe ich ihn ganz sanft und leise geweckt. Ich weiß nicht mehr genau, was ich ihm gesagt habe, ich weiß nur, dass ich Tränen in den Augen hatte und tief berührt war. Er selber konnte aufgrund der Hirnmetastasen schon nicht mehr gut sprechen … Von diesem Tag an war ich bei meinem Vater, morgens vor der Arbeit und nach der Arbeit. Er hat sich von mir versorgen und umsorgen lassen, und das mit einem tiefen Vertrauen. Nach der Entscheidung, dass es keine Strahlen- oder Chemotherapie geben würde, ist er auf die Palliativstation verlegt worden. Dafür war ich dankbar, weil diese Station innerhalb dieses Krankenhausbetriebes wirklich eine Insel von Ruhe, Zeit, Zuwendung und Mitgefühl ist. Wir haben dort ein schönes Zimmer gehabt und alle Zeit, die uns blieb.«

Liebte er mich überhaupt?, war die wichtigste Frage, die Silke ihr Leben lang mit sich herumtrug und die so viel Verunsicherung in ihre Beziehung brachte. Silke: »Sie beantwortete sich durch sein Verhalten, sein Vertrauen und sein Zutrauen zu mir, seine Gesten und seine Mimik. … Vier Wochen nach unserem Wiedersehen ist er gestorben. Ich war – wie immer – morgens vor dem Dienst zu ihm gegangen. Schon etwas beunruhigt, da ich am Abend vorher schon das Gefühl hatte, dass er bald sterben würde. An diesem Morgen bin ich bei ihm geblieben und habe mich in meiner Abteilung abgemeldet. Gegen Mittag habe ich meine Schwester auf der Arbeit angerufen und sie gebeten zu kommen. Ich habe meinen Vater im Arm gehalten bis zu seinem Tod. Das war der letzte Abschied von meinem Vater. Es war ein gelebter und verstandener Abschied, bei dem ich innerlich nach Hause gekommen bin.« Silke abschließend: »Vier Monate nach dem Tod meines Vaters ist mir ein Mann begegnet, mit dem ich eine Beziehung eingegangen bin. Wir sind immer noch zusammen. Es ist für mich die vertrauensvollste Beziehung, die ich jemals hatte. Ich bin mir sicher, dass ich mich auf dieses Vertrauen einlassen konnte durch die Begegnung mit meinem Vater.«

Samantha hat ihren leiblichen Vater nicht richtig kennengelernt. Ihre Eltern trennten sich, als sie drei Jahre alt war. Der zweite Mann ihrer Mutter adoptierte sie. Davon erfuhr sie aber erst mit 17 Jahren, als auch diese Ehe scheiterte. Samantha: »Beide Väter haben mir nichts für mein Leben mitgegeben. Das macht mich jetzt als Erwachsene oft so wütend und traurig …« Und: »Ich bin auch eher scheu, was Männer betrifft, ich habe mich auch nie etwas getraut. Flirten schon gar nicht, es waren immer meine Freundinnen, die einen Freund hatten. Manchmal bin ich heute noch erstaunt darüber, dass ich einen Mann fürs Leben gefunden habe.« Seelisch hat sie von ihrem leiblichen Vater nichts geerbt: »Keine gemeinsamen Erinnerungen, kein Lachen über gemeinsam Erlebtes, keine Nähe. Was bleibt, ist eine Leere. Nicht gelebte Augenblicke und Gefühle – da fehlt ganz viel!«

Die Trennung kann auch eine Befreiung bedeuten. Uschi fühlt so: »Meine Eltern haben sich scheiden lassen, als ich 17 war. Für mich war es eine Erlösung. Meine Eltern haben, soweit ich zurückdenken kann, nie miteinander harmoniert.« Und: »Sein Lebensende war einsam. Mein Bruder hatte ihn ab und zu besucht. Ich habe ihn seit der Scheidung nicht mehr besucht. Er ist erst drei Tage nach seinem Tod gefunden worden. Er ist nachts an einem Herzinfarkt gestorben: Was bleibt, ist Verlorenheit. Ich bin jetzt ein bisschen traurig, aber das Leben ist kein Ponyhof.«

Scheidung als Befreiung. Das ist es. Nicht wenige

Frauen gestanden mir in ihren Antworten, dass sie nicht nur die Scheidung ihrer Eltern inzwischen gutheißen, sondern dass diese ihnen im Fall ihrer eigenen Trennung vom Ehepartner geholfen und Schuldgefühle gemindert hat. Deswegen geht es heute darum – bei allem Kampf um den Erhalt und die Erneuerung der in die Krise geratenen Beziehung –, die Scheidung vom Makel des bloßen Scheiterns zu befreien.

Trennung ist mehr, scheint mir, sie ist immer auch Abschied vom Quälenden, nicht mehr Lebbaren. Sie ist Aufbruch ins Neue, bislang Ungelebte. Trennungskrisen gehören unabdingbar zu den Geburts- und Entwicklungsstufen unseres Lebens. Trennung ist meist auch eine gewaltige seelische Leistung. Zugleich stellt sie sich fast immer als eine qualvolle Amputation bei lebendigem Leib ohne Narkose dar: als Absturz für die Verlassenen, als Schuldkomplex für den Verlassenden. Trennungen können so schlimm sein, dass wir sterben wollen. In meinem Buch *Trennung als Aufbruch. Bleiben oder gehen?* habe ich diesen vielfältigen Schmerz der Trennungsverletzten protokolliert.

Kinder werden häufig zwischen Scheidungseltern förmlich zerrissen. Nadja berichtet: »Als ich neun Jahre alt war, trennten sich meine Eltern. Das Schlimmste war für mich nicht, dass wir von nun an keine heile Familie mehr sein würden. Ich hatte schon lange einen Vulkan kochen spüren, morgens die verheulten Augen meiner Mutter gesehen, kannte Papas wutverzerrten und verletzten Blick. Schlimmer war es, dass unsere Eltern noch immer nicht den Mut hatten, uns Kindern gegenüber ganz ehrlich zu sein. Sie drucksten herum. Mein Vater brauche nur eine Auszeit. Später erfuhr ich, dass er schon einige Zeit mit einer anderen Frau zusammenlebte.« Zeitweilig war die Familie ein wahres Horrorkabinett: »Vater fuhr uns Kinder oft an, neigte zur Gereiztheit, Aggression und autoritärem Gebaren. Unsere Eltern schlugen uns auch, wenn wir ›ungezogen‹ waren. Papa brüllte uns nicht selten an. Er stopfte mir mit Druck, auch mit einer Tracht Prügel, das Mittag- und Abendessen rein, da ich als Mädchen ein Hungerhaken war.« Gleichwohl brachte dieser Vater Nadja »Kreativität, etwas handwerkliches Geschick und die Ehrfurcht vor Tieren und der Natur« bei.

Nadja ist innerlich zum Frieden gekommen: »Ich konnte meinem Vater verzeihen, und wir konnten uns inzwischen aussprechen.« Damit steht sie allein: »Meine Schwester und mein Bruder haben ein eher gespanntes, ungeklärtes, distanziertes Verhältnis zu ihm. Zwischen mir und meinem Vater hat sich seit unserer Aussprache einiges getan. Wir kommen gut miteinander aus. Heute tut es mir leid, dass ich ganz auf der Seite meiner Mutter stand und ihn damals verurteilt habe.«

Sicher hat sich Nadja inzwischen auch mit den negativen Persönlichkeitsanteilen der Mutter auseinandergesetzt und ihre Idealisierung aufgegeben. Nur so kommt sie auch zu einem realistischen Vaterbild. Dieser ambivalente Prozess der Idealisierung und Entidealisierung der Eltern durch Scheidungskinder ist ein kindlicher Spaltungsmechanismus zum Überleben.

Vater und Mutter bilden am Anfang unseres Lebens idealisierte Objekte unserer absoluten, gleichsam verschlingenden Liebe. Wir haben einen perfekten Vater, den »besten Papa der Welt« – und natürlich die »beste Mama der Welt«. Ihre schwachen, vielleicht auch bösen Seiten irritieren uns oder wir verdrängen sie. Um uns jedoch von den Eltern abzulösen, müssen wir uns von unseren Vater- und Mutteridealisierungen verabschieden. Das ist ein schmerzhafter Prozess der Desillusionierung und Verunsicherung. Wir werden autonomer. Wir erfahren die moralische Differenz von Gut und Böse in unserer engsten Umgebung. Langsam können wir die »guten« und die »bösen« Seelenaspekte der Eltern in ein differenziertes Bild integrieren. Damit überschreiten wir die unsichtbare Demarkationslinie vom Kind zum ernüchterten, jedoch selbstständig urteilenden jungen Erwachsenen.

Eine Scheidung der Eltern bedroht über Nacht das Geborgenheitsgefühl und den Gerechtigkeitssinn des Kindes. Sind meine Eltern böse?, fragt sich das Kind. Meist wächst es nach der Elterntrennung bei der Mutter auf. Es löst seine innere Notlage durch die Spaltung in den »bösen« Vater, den Schurken der Ehetragödie, und in die »gute« Mutter als deren leidvolles Opfer. Diese Mutter idealisiert das Kind nach Art der katholischen Marienverehrung.

Dadurch bannt das Kind einerseits seine massiven

Verlustängste, denn es hat ja seinen Vater im Alltag verloren. Dadurch, dass das Scheidungskind den Vater schlecht macht, erträgt es dessen Verlust leichter. »Hinter der Verachtung steckt das Begehren«, sagt Freud – die verdrängte Sehnsucht nach dem Vater. Andererseits kann es bei seiner Idealisierung der Mutter darauf vertrauen, dass diese Übermutter es nie verlassen wird. Der Vater wird zum Träger aller Negativattribute, die Mutter zur Inkarnation der Heiligen. Die negativen Anteile verleugnet das Kind, um die Mutter in der vollkommenen Liebe gleichsam wie einen Zweikomponentenkleber zu fixieren. Um erwachsen zu werden, muss das Scheidungskind jedoch die Ambivalenztoleranz lernen. Was heißt das?

Ambivalenztoleranz bedeutet, zu akzeptieren, dass weder der Vater ein Hurenbock noch die Mutter eine Heilige ist. Jeder hat seine Wahrheit und seinen Schatten. Diese Erkenntnis befreit das Scheidungsopfer und macht es im Krisenfall selbst auf eine humane Weise trennungsfähig. Und dennoch bedeutet die Scheidung für die Töchter und die Söhne meist viel Leid und Spätfolgen.

»Da blieb mir fast das Herz stehen«

Vatermissbrauch

> *»Mein Vater hat mir meine Kindheit geraubt.«*
> ANNE-KATRIN

Wir haben es im letzten Kapitel gesehen: Scheidungstöchter fühlen sich oft wie ein Torso, also unfertig.
Aber was spielt sich in Töchtern ab, die einen *Missbrauch* durch ihren eigenen Vater erlebt haben? Ist
das nicht ungleich schlimmer? Wird hier nicht eine
sexuelle und emotionale weibliche Identität grundlegend beschädigt?

Wir kennen die Problematik aus dem Grimmschen
Märchen *Allerleirauh.* Da verpflichtet die Königin ihren
Gemahl, nach ihrem Tod nur eine Frau zu heiraten, die
schöner sei als sie. In der ältesten Fassung des Mär-
chens – *vor* der abschwächenden Version der bieder-
meierlichen Gebrüder Jakob und Wilhelm Grimm –
heißt es unmissverständlich: »Da warf der König einmal
die Augen auf seine Tochter, und wie er so sah, dass sie
ganz ihrer Mutter glich und auch ein so goldenes Haar
hatte, so dachte er, du kannst doch auf der Welt niemand

so schön finden, du musst deine Tochter heiraten, und fühlte in dem Augenblick eine so große Liebe zu ihr, dass er gleich den Räten und der Prinzessin seinen Willen kundtat.« Der König ist in seiner Gier maßlos.

Es ist schrecklich zu lesen, wie sich die Königstochter mit ihren schwachen Kräften wehrt und dem schamlosen Vater die vermeintlich unerfüllbare Aufgabe abfordert, ihr einen Mantel aus den Pelzen von 1000 Tieren schneidern zu lassen. Sie flüchtet in der Nacht vor der anberaumten inzestuösen Hochzeit in den Wald, das meint die Verborgenheit. Sie versteckt sich jahrelang in einer Baumhöhle. Das bedeutet, sie führt ein Schattendasein jenseits ihrer Weiblichkeit. Auch das Gesicht schwärzt Allerleirauh sich, um ihre weibliche Schönheit, die ihr zum Verhängnis wurde, zu verdecken. Wie ein scheues Reh flüchtet sie vor den Menschen. Als ein jagender König sie mit einer Meute von Hunden aufspürt, sperrt sie sich gegen die Begegnung. Sie traut der Liebe nicht. Ihr Männerbild ist erschüttert.

Genau das erleben Psychotherapeuten in der Seelenarbeit mit sexuell missbrauchten Frauen. Sie haben sich emotional verbarrikadiert, sind verhärtet und zugleich voll Sehnsucht nach Liebe. Sie haben Schwierigkeiten mit Öffnung und Hingabe. Der erste Mann in ihrem Leben, eine Vertrauensperson ohnegleichen, hat ihr Seelenleben schwer beschädigt. Sie sind oft jahrelang im Kern ihres Wesens beziehungsunfähig. Ihre Männer spüren das und sind ratlos. Not und Hilflosigkeit sind auf beiden Seiten des Paares groß.

Die Partner sitzen dabei meist in der Falle. Schonen sie die missbrauchte Partnerin und verdrängen sie ihre eigenen emotionalen und sexuellen Bedürfnisse, so verhungern sie auf Dauer. Bedrängen sie den – missbrauchten – Partner, so treiben sie ihn erst recht hinter das Panzerglas seiner Gefühlsabwehr. Der Wiener Dichter Karl Kraus (1874–1936) prägte in seinem Aphorismenband *Beim Wort genommen* (S. 19) ein klassisches Diktum über derart gefühlsvereiste Frauen: »Sie sagte sich: Mit ihm schlafen, ja – aber nur keine Intimität!«

Eine Hilfestellung, in der Einzeltherapie oder in einer Selbsthilfegruppe, ist für das Missbrauchsopfer unerlässlich. Aber auch der Partner braucht fachliche Hilfe. Sonst gerät er in die Gefahr, die Beziehung langfristig nicht mehr zu verkraften. Frauen, die einen Missbrauch erlitten haben, fühlen sich oft innerlich wie tot. Sie praktizieren zwar Sexualität, aber irgendetwas stimmt für sie dabei nicht: Sie nehmen die Welt wie durch eine Glaswand wahr. Das heißt, sie berühren den Partner in Wirklichkeit nicht. Sie lassen sich auch von ihm nicht wirklich an- und erfassen. Ein Wunder des kreativen Lebens ist es dann, wenn diese Überlebenden eines Tages aufbrechen, die seelische Glaswand zerschlagen und in die Liebe gehen.

Schließlich ist auch Heinrich von Kleists 1810 erschienene Novelle *Die Marquise von O.* die Geschichte eines Missbrauchs, das heißt einer hart am Inzest vorbeischrammenden Vater-Tochter-Besessenheit und Besitzergreifung. Die junge Witwe Julietta ist während der Kriegswirren in Bewusstlosigkeit von dem verliebten Offizier und russischen Grafen von G. missbraucht und geschwängert worden. Der väterliche Herrscher, Kommandant einer militärischen Festung, verweist sie zunächst aus dem Haus, verzeiht ihr später den »Fehltritt« mit dem Offizier, weil er sie wieder in seinen Besitz bringen will.

Die Versöhnungsszene wirft nicht nur ein trübes Licht auf die Begierde des Vaters, sondern auch auf die fragwürdige Haltung der Mutter. Als diese die Tür öffnet, sieht sie »die Tochter still, mit zurückgebeugtem Nacken, die Augen fest geschlossen, in des Vaters Armen liegend: indessen dieser, auf dem Lehnstuhl sitzend, lange, heiße und lechzende Küsse, das große Auge voll glänzender Tränen, auf ihren Mund drückte: gerade wie ein Verliebter! Die Tochter sprach nicht, er sprach nicht; mit über sie gebeugtem Antlitz saß er, wie über das Mädchen seiner ersten Liebe, und legte ihr den Mund zurecht und küsste sie. Die Mutter fühlte sich wie eine Selige, ungesehen, wie sie hinter seinem Stuhle stand, säumte sie, die Lust der himmelfrohen Versöhnung, die in ihrem Hause wiedergeworden war, zu stören. Sie nahte sich dem Vater endlich und sah ihn, da er eben wieder mit Finger und Lippen in unsäglicher Lust über dem Mund seiner Tochter beschäftigt war, sich um den Stuhl herumbeugend von der Seite an.«

Frauen, das erfahre ich in meinen Beratungen, verdrängen häufig jahrelang den Missbrauch, um zu überleben. Sie nehmen oft die Schuld auf sich und identifizieren sich damit mit dem Aggressor. Sie – anstelle des Vaters – schämen sich. Umso mehr habe ich mich gefreut, als Paula mir schrieb: »Da wir uns beim Paarseminar kennengelernt haben, habe ich volles Vertrauen zu dir und möchte mich deshalb bei der Umfrage beteiligen.« Seit 1994 hat sie ihren Vater nicht mehr gesehen, da sie den Kontakt abbrach: »Vorausgegangen waren immer häufigere Gedanken an einen früheren sexuellen Missbrauch ab meinem vierten Lebensjahr. Als meine dritte Tochter so alt war und ihm sagte, sie wolle nicht auf seinen Schoß, antwortete er: ›Ich habe dich nur lieb, wenn du das machst, was ich will.‹ Da blieb mir fast das Herz stehen, denn den Satz kannte ich. Mit therapeutischer Hilfe ist es mir gelungen, das Trauma aufzuarbeiten. Ich fühle mich jetzt als Überlebende und bin stolz auf mich, dass ich mich auf den schmerzhaften Weg zu mir selbst gemacht habe.«

Geholfen hat Paula bei der Aufarbeitung ihre Therapeutin und eine Selbsthilfegruppe für sexuell missbrauchte Frauen: »Viel Unterstützung habe ich auch durch meinen Mann und zwei Freundinnen erhalten.« Wichtig ist es tatsächlich, dass die Männer sich nicht nur mit ihren, meist seelisch blockierten, Frauen solidarisch verhalten, sondern sich über das Thema Missbrauch kundig machen. Ich empfehle ihnen das Buch *Verbündete* von Laura Davis. Den Frauen rate ich, das hilfreiche Handbuch der gleichen Autorin mit dem ermunternden Titel *Trotz allem* zu studieren.

Um überhaupt wieder leben zu können, musste Paula den Vater aus ihrem Leben ausschließen. Paula meint: »Ich weiß nicht, ob man sexuellen Missbrauch verzeihen kann. Ich habe insofern Frieden gefunden, dass ich ein selbstbestimmtes Leben führe.«

Dieses abwägende Geständnis ist wichtig. Es gibt *keine Verzeihenspflicht*. Das hieße, eine missbrauchte Frau erneut unter Druck zu setzen. Wenn Verzeihen gelingt, ist es schön. Dazu ist es natürlich günstig, wenn ein Vater Reue zeigt und auch die Mutter, die oft weggeschaut hat, zur positiven Einsicht fähig ist. Eine Klientin von mir, nennen wir sie Hildegard, brachte es sogar fertig, den inzwischen über 70-jährigen Vater in eine gemeinsame Sitzung bei mir zu bringen. Anfänglich sträubte sich dieser noch verbal, sprach von »Missverständnissen«, er habe Hildegard und ihre Schwester nur »aufklären« wollen. Das erbitterte Hildegard. Doch sie ließ nicht nach und konfrontierte ihn mit den Details des Missbrauchs. Da brach der Vater endlich in Tränen aus und bat um Verzeihung. Seine Tränen erlösten ihn und Hildegard. Sie schloss ihn in die Arme. Ein Leidensdruck von Jahrzehnten wich von ihrem Herzen.

Eine Frau muss den sexuellen Missbrauch nicht am eigenen Leibe erlebt haben. Es ist schon eine Katastrophe, wenn sie einen Vater mit missbräuchlichem Verhalten gegenüber Frauen erlebt. Philippine erlebte einen Vater, der sich zweideutig gegenüber ihrer fünf Jahre älteren Schwester verhielt: »An ihr hatte er ein sexuelles Interesse. Er fingerte ständig an ihr rum und tarnte das als Kitzeln. Ich habe das immer mit angesehen und geschrien, er solle aufhören. Er hörte dann auch auf, aber der Haussegen hing dann schief. Für mich hieß das natürlich auch, dass ich zu hässlich war, denn an mir war er nie. Bis heute habe ich daher immer mal wieder einen Ekel vor Sex oder fühle mich danach benutzt und sogar missbraucht, besudelt. Dass ich nicht gemeint war vom Partner, sondern dass er einfach nur Sex haben wollte, egal mit wem.«

· Philippine erinnert sich: »Das Frauenbild meines Vaters war vom Sex geprägt. In unserem Keller hingen etliche Pinups. Als Kind fand ich das ekelhaft, zumal meine Mutter die entscheidenden Stellen mit Isolierband zuklebte, sodass ich auch den Unmut meiner Mutter spürte. Er griff ihr ständig an den Busen und zwischen die Beine, auch in unserer Gegenwart. Er begrabschte meine Freundinnen und die weibliche Verwandtschaft. Er filmte permanent den Frauen zwischen die Beine und zoomte Busenaufnahmen fremder Frauen groß. Mein Vater hatte dann eine Geliebte. Er bildete sich ein, Bücher schreiben zu können. Er litt unter Größenwahn. Das Schlimme war, er hat eines geschrieben, in dem er der Hauptdarsteller unter anderem Namen war. Das war ein Porno, in dem detailliert beschrieben wurde, wie er Sex mit der Freundin hatte.«

Missbrauchte Frauen bewegen sich oft zwischen zwei *extremen Verhaltensweisen*. Entweder sie verpanzern sich, lassen keinen Mann in ihr Herz und fühlen sich als Aschenputtel oder sie versuchen, in wahllosem Sex ein Quäntchen Liebe zu ergattern. Philippine praktizierte die zweite Variante: »Ich verliebte mich schon sehr früh in jeden Jungen, den es gab. Der Erstbeste, der wollte, wurde von mir geküsst. Das war so mit elf Jahren. Dann warf ich mich jedem an den Hals, der sich für mich interessierte, was schwierig war, denn durch meine seltsamen Haare, die auch noch rot waren, lagen mir die Jungs jetzt nicht grade zu Füßen. So holte ich mir eine Abfuhr nach der anderen, was mein schlechtes Selbstbild geprägt hat. Ich konnte aber nicht aufhören, weil ich irgendjemand Männliches suchte, der mich einfach nur mochte. In späteren Jahren bedeutete das auch Sex, obwohl es nicht das war, was ich suchte.«

Ob sie ihrem Vater verziehen und Frieden mit ihm geschlossen hat, weiß Philippine nicht. Doch sie hat Achtung vor ihrem Vater, der seinen Vater mit 14 Jahren verlor und sich vom Arbeiter zum Ausbildungslehrer hocharbeitete: »Es gab Zeiten in meiner Kindheit, wo er mit mir alleine abends spazieren ging und ich ihm meine Ängste und Ähnliches sagen konnte. Geliebt habe ich auch, wenn er Quatsch machte oder wir zusammen. Ich mag sein Grinsen und wenn er fröhlich ist. Ich glaube, dass er einiges in Bezug auf uns bereut, aber resigniert hat. Ich glaube, dass er voller unterdrückter Gefühle ist. Er ist malträtiert und zensiert durch seine Frau, aber das ist sein Problem. Für mich bleibt er ein Vater, der eine bewegte und nicht leichte Geschichte hat, sich als Vater bemüht hat und heute meine Unterstützung braucht. Das fällt mir mal mehr, mal weniger schwer. Meine Aufgabe ist es immer noch, seine Geschichte bei ihm zu lassen, meine eigene Geschichte anzunehmen, sie selbst in die Hand zu nehmen und zu kreieren. Da stehe ich gerade, und ich glaube, das ist ein guter Platz.«

Gleich zweifach hat Elviras Vater missbraucht: Sie und Elviras Tochter. Diese leidet unter einer Psychose. Elvira, Diplomübersetzerin und heute 72, fragt den Vater, der inzwischen elend an Kehlkopfkrebs verstarb: »Warum hast du uns das angetan? Auch wenn du in Stalingrad warst und äußerlich relativ heil zurückgekommen bist (innerlich zerbrochen) und dein Leben bestimmt sehr schwer war, war das notwendig, deine Enkelin so schlimm zu misshandeln? Schlimmer noch als mich?« Elvira differenziert: »Hätte mein Vater nur mich missbraucht, hätte ich ihm vielleicht verzeihen können. Aber nachdem meine Tochter so übel von ihm misshandelt wurde, kann ich es nicht. Sich an einem kleinen Kind zu vergehen ist meines Erachtens das Schlimmste, was nicht verziehen werden kann.«

Was bleibt? Elvira sagt: »Es ist, als ob ich eher ohne Vater aufgewachsen wäre, aber doch wieder nicht. Ich denke nicht oft darüber nach, was geblieben ist, denn meine Therapie war nicht gerade Zuckerschlecken. Da bin ich genug in die Tiefe gegangen. Allerdings werde ich jeden Tag über meine Tochter an ihn und den großen Schaden, den er angerichtet hat, erinnert.«

Ein ähnliches Schicksal erlebte Gertrud. Es ist ein Thema, »das mich, solange ich lebe, beschäftigt und beschäftigen wird«. Es ist eine Serie von missbräuchlichen Situationen, die im Missbrauch von Gertruds achtjähriger Tochter gipfelten: »Als ich in die Pubertät kam und ich langsam kleine Brüste bekam, stand ich eines Tages in der Küche mit einem hellblauen Rollkragenpullover. Mein Vater kam rein, meine Mutter stand dabei, er gaffte auf meine ›Ausbeulungen‹ und sagte mit lüsternem Blick: ›Schade, dass ich nicht nochmal jung bin.‹ Ich fand diese Bemerkung sehr peinlich. Ich hasste ihn für das ›Gegaffe‹, dieses unangepasste Benehmen, und versuchte Oberteile anzuziehen, bei denen man die ›Ausbeulung‹ nicht so gut sah. Als ich mein eigenes Geld hatte, kaufte ich mir T-Shirts in Größe 40, sodass meine Weiblichkeit nicht gut zu sehen war.«

Doch es ging noch weiter. Gertrud: »Als ich ungefähr elf Jahre alt war, musste ich einmal mit ihm in den untersten Keller im Haus. Dort musste ich mein Oberteil, meine Strumpfhose und Unterhose ausziehen, mich auf zwei Holzkisten auf den Bauch legen, und er schlug mit dem Rohrstock so auf mich ein, dass ich an der Rückseite meines Körpers rote, schmerzende, brennende Striemen hatte. Meine Mutter sah diese Striemen, als ich Samstag gebadet habe (sie saß immer neben der Badewanne, während wir als Kinder badeten), sie hat nichts zu diesen Striemen gesagt. Ich biss die Zähne zusammen, weil die offenen Stellen an meinem Rücken und meinem Gesäß im Wasser brannten.«

Immer wieder war der Vater übergriffig: »Als mein Vater im Krankenhaus wegen eines Oberschenkelhalsbruchs operiert wurde und sich selbst nicht die Füße waschen konnte, fragte er mich, ob ich ihm die Füße waschen könne. Ich ging mit ihm in die dort vorhandene kleine Nasszelle. Ich fing an, ihm die Füße zu waschen, währenddessen zog er seine Unterhose aus, stand nackt vor mir und wusch seinen Genitalbereich. Mir war das sehr peinlich und ich fand es eklig, weil ich meinen Vater zuvor nie nackt gesehen hatte. Ich wollte so schnell wie möglich raus aus dieser engen Nasszelle. Er stand am Waschbecken, mein Kopf war in Penishöhe, das fand ich sehr unangenehm.«

Dieser Vater ist offensichtlich ein sexueller Serientäter. Gertrud: »Mein Vater missbrauchte seine Schwester Christa, die acht Jahre jünger ist als er, über viele Jahre. Mich nannte er mit dem zweiten Namen Christa. 2013 missbrauchte mein Vater unsere achtjährige Tochter sexuell. Mein Mann und ich haben Anzeige gegen ihn erstattet. Mein Vater wurde bei der Kriminalpolizei vernommen und sagte aus, dass mein Mann unsere Tochter sexuell missbraucht hätte. Nun wurde meinem Mann ein Teil des elterlichen Sorgerechts entzogen und gegen ihn ermittelt. Jetzt soll unsere Tochter von einer Kinderpsychiaterin und einer Richterin vernommen werden. Mein Mann und ich haben deswegen viele schlaflose Nächte. Mein Vater ist für mich ein einziger Horror, ein Tyrann, ein Diktator, ein ›Schwein‹. Ich hatte versucht, alles, was früher war, zu vergessen. Aber seit 2013 habe ich das Gefühl, mein Leben ist ein einziger Albtraum.«

»Ein bitteres Erlebnis war mein sexueller Missbrauch, der erst nach dem Tod meines Vaters bei mir hochkam«, berichtet Anne-Katrin. Sie beschreibt einen verheerenden Kompensationsmechanismus. Anne-Katrin musste als Mutter-Substitut herhalten: »Da sich meine Mutter ihm sexuell eher entzogen hatte, holte er sich bei mir als Tochter ›das Fehlende‹. Mein Vater hat mir meine Kindheit geraubt. Erst seit meiner Seelenarbeit mit meinem Körper, habe ich auch eine andere Einstellung zur Sexualität. Ich darf lustvoll genießen. Diesen Satz muss ich mir immer wieder sagen! Vor Männern habe ich insgeheim immer noch Angst!«

In einer pychosomatischen Klinik hat Anne-Katrin nach dem Tod ihres Vaters – er starb im Hospiz in ihren Armen – Seeleninventur geleistet. Sie ist zwar noch mitten im Verzeihensprozess, aber sie kann bereits differenzieren. Anne-Katrin: »Er liebte seine Familie, so wie er Liebe ausdrücken konnte. Er konnte es halt nicht anders. Er war verkümmert in seiner Liebesfähigkeit. Das Reden hatte man ihm auch nicht beigebracht, und von Beziehungen verstand er gar nichts. Und doch war er mein Vater. Ich danke ihm für seine finanzielle Verantwortung und für das Leben, das er mir geschenkt hat. Ich hoffe und wünsche mir, dass ich nächstes Jahr um diese Zeit an seinem Grab stehen und ihm mit ganzem Herzen verzeihen kann, für das, was er mir angetan hat.«

Auch in Anne-Katrins Partnerwahl hat der unselige Vater eingewirkt: »Was ich bei meinem Vater nicht geschafft habe, nämlich ihn zu retten (aus seiner Gefühlskargheit – M. J.), das wollte ich bei meinem Partner nachholen. Mein Mann ist auch emotionslos. Er ist trockener Alkoholiker, arbeits-, ess- und kaffeesüchtig. Ich lebe in einer destruktiven Beziehung. Ich liebe meinen Mann und doch bin ich mir nicht sicher, ob es eine abhängige Liebe ist. Vielleicht schaffen wir es ja auch noch, oder mache ich mir selber etwas vor?«

Ich weiß, liebe Leserin, diese Schilderungen sind für dich eine Zumutung. Aber ich wollte sie dir nicht ersparen. Der Missbrauch ist die größte Zumutung für ein Mädchen, die sie oft ein Leben lang verfolgt.

»Er hat seine Schmerzen ertränkt«
Prügel und Alkoholkrankheit

»Nach dem Tod meines Vaters ist Ruhe bei
uns eingekehrt. Meine Mutter und ich hatten
wirklich schöne vier Jahre miteinander.«
URSEL

In vielen Antworten klagen Frauen, dass der Vater zwar
nicht tot, aber psychisch abwesend war. Er nahm sich
keine Zeit für die Kinder, er werkelte lieber in seinem
Hobbykeller oder verkroch sich hinter der Zeitung.
Heute sind es oft die jungen Väter, die im Internet oder
über dem Smartphone sitzen. Sie stellen eine Kränkung
für das Kind dar, denn sie sind, wie der Titel meines
Buches besagt, gleichermaßen »so nah und doch so
fern«. Eine Tochter, die nicht beachtet wird, fühlt sich
nicht beachtenswert. Eine Tochter, deren Lebendigkeit
nicht geschätzt wird, fühlt sich nicht lebenswert. Eine
Tochter, die vom Vater nicht fühlbar geliebt wird, fühlt
sich nicht liebenswert. Mit dieser schweren Hypothek
»Ich bin ein Muster ohne Wert« gelangen sie dann ins
Frauenleben.

Wird eine solcherart gedemütigte, um ihr Selbstbewusstsein gebrachte Frau überhaupt bindungsfähig sein? Mit Sicherheit hat sie, wie ich aus den Beratungen weiß, die größte Liebesgeschichte noch vor sich: die mit sich selbst. Tatsächlich ist Bindung kein fatalistisches Schicksal. Früh erworbene negative Bindungsstile lassen sich durch spätere positive Bindungserlebnisse, die Treue einer erwachsenen Liebe, korrigieren. Auch die »Nachbeelterung« durch einen Ersatzvater zählt, wie wir noch sehen werden, dazu.

Was ist mit einem prügelnden Vater? Alberta beschreibt in ihrem Brief an den »Vati«, den sie mir vertrauensvoll zur Veröffentlichung überlässt, das Schöne und das Schwere dieser Beziehung: »Während meiner Rede zu eurem 60. Hochzeitstag habe ich gesehen, dass du berührt warst und am Ende hattest du Tränen in den Augen. Danach hast du mich das erste Mal in die Arme genommen, festgehalten und wolltest nicht loslassen. Ich habe das erste Mal in meinem Leben gespürt, dass du stolz auf mich bist, dass ich dir wichtig bin, dass du fähig bist, solche Gefühle zu haben! Dass darin doch ein Herz schlägt! Diese Gewissheit hat mir in meinem bisherigen Leben gefehlt.«

Die schlimme Wahrheit benennt Alberta mit den Worten: »Ja, das ist wahr, es gibt wenige schöne Erinnerungen. Da sind viele, die ich aus meinem Gedächtnis entfernt habe, weil sie sehr schmerzhaft waren. Erinnerungen an einen cholerischen, egoistischen Vater, den Herrn und Herrscher über uns, die Kinder. Ich erinnere mich an die Schläge mit einem Gummischlauch, wie du uns hinter der Küchentür, auf einem Hocker sitzend, über die Knie legtest und schlugst! Hat es dir Spaß gemacht, auf solche Weise deine Töchter zu bestrafen für Dinge, die heute lächerlich erscheinen? Oder knien auf dem Holzboden mit hochgehobenen Händen. Wie lange? 20 Minuten? Eine halbe Stunde? Und wie ihr beide immer wieder nachgeschaut habt, ob wir die Hände wirklich hoch halten oder uns vielleicht auf die Knie setzen.«

Dieser Vater hat Alberta für lange Zeit den guten Geschmack an Männern verdorben: »Du warst für mich ein negatives Männerbeispiel. Lange wollte ich mit ihnen nichts zu tun haben. Ich habe sie widerlich gefunden. Ich habe mich wie zu einem Igel an sie herangetastet. So habe ich die schönste Zeit verpasst: die ersten unschuldigen Flirts, Annäherungen, Kontakte. Sich der anderen Hälfte der Menschheit zu nähern. Das alles war für mich so kompliziert. Du hast mich in deine Männerwelt nicht eingeführt, hast nicht erklärt, wie die Männer ticken. Ich musste selber suchen, lernen, viele schmerzhafte Fehler machen. Heute habe ich zwei unglückliche Ehen hinter mir. In jeder suchte ich einen Vaterersatz. Den Vater, den ich nie gehabt habe.« Der Dichter Heinrich Heine bemerkt einmal kritisch: »Wer die Prügel bekommen hat, der behält sie.«

Alberta erwähnt, dass der Vater, geboren 1929 in einem polnischen Städtchen, eine schwere Kindheit hatte. Seine beiden Eltern waren autoritär und kalt. Sein Vater wurde in ein Konzentrationslager deportiert. Seine

Frau verließ ihn mit einem neuen Mann und nahm nur den jüngsten Sohn mit: »Mein Vater und seine jüngere Schwester blieben beim Vater. Er bekam eine böse Stiefmutter …« Doch Alberta, von der wir bereits am Anfang des Buches hörten (»Ich möchte nur, dass es neue Väter gibt, dass kein Mädchen mehr leer ausgeht«), hat beim Tod des Vaters Größe gezeigt: »Ja, ich habe meinen Vater beerdigt, den Brief in den Sarg gelegt, die Rede gehalten. Ihn um Verzeihung für alles, was ich ihm unbewusst alles angetan habe, gebeten und ich habe ihm alles verziehen. Ich fühle solche Ruhe in mir, wie ich sie noch nie im Leben gefühlt habe. Ja, er hat wirklich Platz für mich gemacht.«

Wie oft sind Ärzte und Psychotherapeuten in der Praxis mit dem Angstsyndrom von Patienten konfrontiert. Damit ist nicht die universelle Angst gemeint. Diese Angst ist ubiquitär, das heißt, sie ist allerorten vorhanden. Sie begleitet uns von jener Epoche an, als wir uns evolutionär aus den Primaten zum bewussten Homo sapiens entwickelten. Jahrtausende haben wir uns vor Donner und Blitz, Sonnen- und Mondfinsternissen, Erdbeben und Flutwellen gefürchtet, weil wir deren Ursachen nicht wissenschaftlich erklären konnten. Die Objekte der Angst haben sich historisch gewandelt. Heute fürchten wir uns nicht mehr vor der Pest, aber vor Aids, nicht mehr vor dem Kindbettfieber, wohl aber vor Alzheimer, Krebs und Verkehrsunfällen. Erstmals in der Geschichte haben wir auch Angst vor den zerstörerischen Kräften, die wir selbst entfesselt haben, von der Atomspaltung bis zur Genmanipulation. Erstmals erleben wir kollektiv, dass der »Fortschritt« auch einen Rückschritt bedeuten kann. Diese Ängste sind normal und sogar hilfreich, weil sie eine Warnfunktion besitzen.

Angst entsteht aber auch als Existenzial, als Grundbefindlichkeit eines Menschen, der in seiner Kindheit zum Opfer von Prügelorgien wurde. Mehrere Klinikaufenthalte bescheinigten Rutgard die Diagnosen »Persönlichkeitsstörungen, Angstneurosen, schwere Depressionen«. Sie konstatiert: »Ich kann meine Gefühle und Empfindungen auch gar nicht zeigen, irgendwie fühle ich mich verpanzert. Auch habe ich wechselnde Schmerzen im ganzen Körper.«

Prügel verstörten Rutgard früh: »Die schlimmsten Kindheitserlebnisse mit meinem Vater waren seine Schläge. Das hieß, ich musste meinen Unterkörper vor ihm nackt entblößen und mich dann über seine Knie legen. Dann schlug er zu, so heftig, dass ich öfters das Wasser nicht halten konnte. Außerdem konnte ich nach dieser Tracht Prügel mehrere Tage nicht ohne Schmerzen sitzen. Dass mein Hinterteil grün und blau war, darauf hat mich dann meine Mutter aufmerksam gemacht mit dem Hinweis: ›Das hast du nun davon.‹ Bei »schweren Vergehen«, etwa dem Verheimlichen schlechter Schulnoten, schlug der Vater, ein Altnazi und NPD-Mann, zweifach zu – für das Vergehen und das Verschweigen. Vaters faschistische Ideologie durfte nicht in Zweifel gezogen werden: »Er leugnet bis heute den Holocaust, er hasst Ausländer und schwärmt von der arischen Rasse.«

Rutgard, ein sensibles kleines Mädchen, reagierte auf die väterliche Gewalt mit einer chronifizierten Depression. Es war, wie die Entstehungsgeschichte es enthüllt, eine *reaktive Depression* (das heißt, sie trat auf als Reaktion auf die schweren Prügel). Diese wurde jedoch von keinem erkannt. Sie wurde ihr im Gegenteil als Ungehorsam angelastet. Rutgard: »Von klein auf hatte ich schwere Probleme, zum Beispiel mit anderen Kindern Kontakt aufzunehmen, geschweige denn Freundschaften zu schließen. In der Schule traute ich mich nie, mich zu melden, was mich bei Lehrern und Lehrerinnen unbeliebt machte. Ich galt als bockig und verstockt.«

Geprügelte Hunde kehren, wie man weiß, zu ihrem bösen Herrn zurück. Handelt es sich um eine Identifikation mit dem Aggressor? Anders kann ich mir Rutgards »Hundetreue« nur schwer erklären. Sie bemerkt nämlich: »Ja, ich liebe meinen Vater trotz allem. Warum, kann ich gar nicht erklären. Ich habe immer noch meine großen Probleme, das heißt, wenn ich bei meinen Eltern zu Besuch bin, bin ich angespannt, verkrampft, kämpfe ich mit Atemnot usw. Ich fühle mich fremd und als Außenseiter nicht dazugehörend bei Menschen.«

Schläge hinterlassen zwar langfristig keine körperlichen Spuren, aber seelische, vor allem Ängste. Diese sind, im Gegensatz zu den aktivierenden biologischen Ängsten, lähmend. Der Angriff auf den Körper wird nicht vergessen. Eine geprügelte Tochter wie Rutgard erfährt sich selbst als hilfloses Objekt, wehrlos und schmutzig (Rutgards Inkontinenz durch die väterliche Gewalt). Ihre Persönlichkeitsentwicklung bekommt im schlimmsten Fall einen unheilbaren Knacks.

Wie geht es Mädchen mit einem alkoholkranken Vater? Jeder Alkoholkranke hat seine eigene Geschichte. Er hat sie meist nicht bearbeitet. Erst im Entzug kann er *trocken*, das heißt abstinent vom Alkohol, und *nüchtern* werden, also mit therapeutischer Hilfe seine Persönlichkeitsdefizite begreifen und überwinden lernen.

Ursels Vater wurde als jüngstes von neun Kindern in Mecklenburg geboren. Im Zweiten Weltkrieg wurde er angeschossen und verlor eine Schulter. Trotzdem arbeitete er im Bau als Eisenbieger. Mit zähem Fleiß errichtete er ein eigenes Haus, eine Doppelhaushälfte. Ursel: »Er war autoritär und konservativ, er fand es legitim, mit Schlägen zu bestrafen. Alles in allem war er aber auch warmherzig.« Sein Ende war eine Katastrophe: »Mit 50 Jahren wurde er dann Rentner, weil er herzkrank war. Danach ist er immer weiter abgesackt. Er hat zu viel geraucht und zu viel Alkohol getrunken. Zum Schluss konnte man ihn sicherlich als Alkoholiker bezeichnen. Er war jeden Tag betrunken. Ich musste oft im Dorfgeschäft den Schnaps für ihn kaufen. Irgendwann hatte er jeglichen Lebensrhythmus verloren. Er hat tagsüber geschlafen oder war betrunken, nachts ist er rastlos durchs Haus gelaufen.« Es ging Ursels Vater offensichtlich so, wie es der österreichische Schriftsteller Robert Musil (1880–1942) beschreibt: »Es hat keinen Sinn, Sorgen im Alkohol ertränken zu wollen. Sorgen sind gute Schwimmer.«

Als Ursel von der Schule nach Hause kam, fand sie ihren Vater tot auf. Er hatte einen Herzschlag erlitten. Ehrlich bekennt Ursel: »Nach dem Tod meines Vaters ist Ruhe bei uns eingekehrt. Meine Mutter und ich hatten wirklich schöne vier Jahre miteinander.« Schließlich: »Ja, ich habe ihm verziehen. Meine Mutter meinte einmal, er war einfach nicht der Typ, der jammert. Er hatte vielleicht ständig Schmerzen und hat es nicht ausgesprochen, sondern sie ertränkt.« Ursel: »Ich habe die Verzeihung soeben offen ausgesprochen, als ich diesen Fragebogen bearbeitet habe.«

Zu sich selbst gefunden hat auch Undine. Es war nicht leicht. Sie sagt nämlich: »An ein schönes Kindheitserlebnis kann ich mich nicht erinnern. Bittere Erlebnisse gab es viele und auch noch Erinnerungen daran, zum Beispiel wenn mich mein Vater mithilfe eines weiteren Mannes, weil ich mich laut schreiend und tobend wehrte, in den dunklen und kalten Keller hinunterzog und dort für mehrere Stunden einsperrte. Meine Mutter kam mir nicht zu Hilfe. Sie hatte das meist initiiert. Mein Vater hat mir immer vermittelt und auch laut kundgetan, dass ich böse, hässlich, abstoßend, einfach ›das Letzte‹ sei. Er war Alkoholiker, und dementsprechend war die Ehe von Anfang an schwierig. Mein Vater fühlte sich als Versager, hatte große Minderwertigkeitsgefühle und ließ den Frust darüber am liebsten an mir, der Erstgeborenen, aus.«

Und doch hatte dieser schwierige Vater »eine gewisse Leichtigkeit, Lebensfreude und Sorglosigkeit, Musikalität, viel Neugier für alles, große Wissbegierde, Reiselust, Humor.«

Nie wieder wollte Undine in eine weiblich-unterwürfige Beziehung: »Ich hatte immer jüngere Partner und eher Angst vor älteren, dominanten. Meine Beziehung dauert nie länger als einige Wochen, maximal ein bis zwei Jahre. Ich wollte eigentlich immer allein und ›frei‹ sein. Ich bin auch seit über zehn Jahren ›ungebunden‹ und gehöre zur Schar der glücklichen Singles.« Undine kam nicht zum Begräbnis ihres Vaters: »Diese letzte Ehre wollte ich ihm nicht erweisen.«

Inzwischen hat Undine viel aufgearbeitet: »Aber ich würde mich dafür nicht entschuldigen, ich kann meine damalige Wut gut verstehen.« Sie nennt das Verhalten ihres Vaters ein »Verbrechen«. Trotzdem resümiert sie: »Was bleibt ist eine große Dankbarkeit, dass ich meine Wunden sah und behandeln konnte und dabei so wunderbare Hilfe bekam. Dankbar bin ich auch für die Einsicht, dass mein Vater in einer Zeit lebte (Faschismus, Krieg), in der das Bewusstsein für Menschen- und Kinderrechte noch unterentwickelter als heute war, als alles verdrängt wurde und er seine Wunden gar nicht als solche wahrnehmen, geschweige denn heilen konnte. Ich bin dankbar, dass ich jetzt ein glücklicher Mensch ohne Sorgen und Probleme bin, und irgendwie müssen meine Eltern dabei auch eine Rolle gespielt haben, denke ich.«

Edda verdankt ihrem Vater ein unfreiwilliges Geschenk, ihre Flucht in die Selbstständigkeit: »Er ist ein autoritärer Mensch, der keine anderen Meinungen außer seinen zulässt. Er ist, wie sein Vater, ebenfalls Alkoholiker. Er ist studierter Ingenieur. ... Da er immer schon getrunken hat und fast jeden Abend betrunken von der Arbeit heimkam, würde ich meine Kindheit nicht als schön bezeichnen. Wenn er betrunken war, war er aggressiv und unberechenbar. Er hat immer einen Grund gesucht, um uns, meine Mutter oder meinen Bruder und mich, zu kritisieren, anzuschreien, uns zu demütigen. Ich habe das gehasst. Er hat mich gelegentlich auch geschlagen, und das Schlimmste war, ich weiß gar nicht mehr, warum.« Edda wuchs als Angehörige der deutschen Minderheit in Ungarn auf.

Die Erfahrung ist, wie das russische Sprichwort sagt, eine stachelige Frucht, der Leidensdruck ebenso. Edda begreift heute: »Ich habe etwa im Alter von zwölf Jahren beschlossen, dass ich nach dem Abitur so weit wie möglich von zu Hause weggehe, damit ich meinen Vater ›loswerde‹. Ich hatte mit 18 eine unglaubliche Motivation, nach Deutschland zu gehen, weit weg von ihm. Ich wollte studieren, das habe ich auch getan. Ich habe zwei Studienabschlüsse gemacht und mein Studium weitgehend selber – aus eigener Arbeit – finanziert, worauf ich stolz bin. Ich hatte eine unglaublich große Motivation, der ›Hölle meines Elternhauses‹ zu entkommen. Das hat auch gut geklappt.«

Ist also alles in Butter? Nein. Edda, die in einer guten

»Ehe auf Augenhöhe« mit einem liebevollen, intellektuellen Mann lebt, kaut an ihrem Kinderproblem: »Ich werde dieses Jahr 39 und stelle mir die Frage, warum ich keine Kinder haben will beziehungsweise ob ich doch noch ein Kind bekommen soll. Da ich im Großen und Ganzen keine schöne Kindheit hatte und auch oft Angst vor meinem Vater, der betrunken nach Hause kam und schrie, entwickelte sich bei mir schon früh der Wunsch, ›abends Ruhe zu haben‹.« Ihr Verhältnis zu ihrem Vater heute ist recht gut, sie telefonieren regelmäßig miteinander. Von ihm lernte sie, fleißig zu sein, konsequent für die Ziele im Leben zu arbeiten, hartnäckig zu sein: »Er kann sich für andere Menschen einsetzen, das tue ich auch gerne. Er ist entscheidungsfreudig, das bin ich auch. Er ist großzügig und auch klug.«

Wie sie von ihrem *Vaterhass* weggekommen ist, das dürfte auch für andere weibliche Väteropfer lehrreich sein: »Ich habe meinen Vater lange Zeit richtig gehasst. Für all die Aggressionen, die er uns angetan hat. Jahrelang habe ich ihn gehasst, bis ich eingesehen habe, dass mein Hass auf ihn negativ auf mich wirkt. So habe ich mich entschieden, meinen inneren Frieden mit ihm zu schließen. Schließlich habe ich ihm vieles zu verdanken: »Wenn er mich nicht von zu Hause ›verjagt‹ hätte, wäre ich heute nicht die beruflich engagierte und erfüllte Person, die ich bin.« Edda hat sich therapeutische Hilfe geholt. Sie hat etwas Wichtiges begriffen: »Hass ist Selbsthass. Man hasst seine Ohnmacht.« Friedrich

Schiller (1759–1805) mahnt in seiner Tragödie *Maria Stuart*: »Es bringt/Nicht gute Frucht, wenn Hass dem Hass begegnet.«

»Im Becher ersaufen mehr als im Meer«, sagt das Sprichwort. Knapp schildert Clarissa ihr *Vaterelend*: »Mein Vater verstarb 2001 krank und allein in einem Pflegeheim. Er war, wie ich es war, ein Alkoholiker. Ich komme aus einer Suchtfamilie.« Der Elektrotechniker war mit seinem Beruf in einer Müllverbrennungsanlage verheiratet und hatte mit seiner Ehrlichkeit, Fleiß und handwerklichem Geschick den Kindern Wertvolles mitgegeben. Clarissa räumt ein, »dass er für seine drei Kinder gespart und viel aufgebaut hat, sodass jedes Kind nach seinem Ableben ein Haus als Eigentum hatte. Aber ehrlich, ist das wirklich imponierend? Mir wäre emotionale Zuwendung wichtiger gewesen. Aber er konnte wohl seine Liebe nur so zum Ausdruck bringen.« Da er Clarissa Wertschätzung verweigerte, geriet sie später meist an dominante, eher ältere Männer: »Denen wollte ich stets beweisen, wie toll ich bin. Leider hat mich dieser Einsatz völlig verbogen und von meinem Selbst entfernt.«

Mit dem Vater hat Clarissa Frieden geschlossen, aber noch nicht mit sich selbst. Was hat ihr bei der *Vaterversöhnung* geholfen? Antwort: »Das waren meine Alkohol- und Drogensucht mit der anschließenden Therapie und der Auseinandersetzung mit mir selbst und die Unterstützung von Therapeuten. Zurzeit, nach drei Jahren Abstinenz, traue ich mich an die ›Aussöhnung

mit meinem inneren Kind‹! Dazu beigetragen hat Ihr
Vortrag *Seele – Sucht – Sehnsucht* und die Bitte Ihrer-
seits, diese Fragen hier für Ihr Buch zu beantworten.
Danke dafür.«

Der Vater starb, wie sie schreibt, als einsamer, ge-
brochener und suchtkranker Mann im Alter von 65
Jahren in einem Pflegeheim: »Als er starb, befand ich
mich auf Hochzeitsreise in Mexiko. Bevor ich die Reise
angetreten habe, beim letzten Besuch meines Vaters, hat
er mich das erste und einzige Mal um eine Umarmung
gebeten. Er wusste, wir werden uns auf Erden nicht
wiedersehen, und als ich zurückkam, war er bereits beerdigt.«

Auf meine Frage ›Was hast du an deinem Vater geliebt?‹, antwortet Edda so lakonisch wie wahrhaftig:
»Was für eine Frage, ER war mein Vater!« Was in ihr
zurückgeblieben ist, beschreibt sie, stellvertretend für
viele Frauen, so: »Es bleibt der ewige Kampf um Anerkennung und Liebe, und das in jeder Paarbeziehung. Es
bleibt die stetige Angst vor Zurückweisung. Es bleibt
ein mangelndes Selbstwertgefühl. Es bleibt Einsamkeit
und Traurigkeit. Es bleibt eine unbekannte, nicht bewusst gefühlte und gelebte Kindheit. Es bleiben Alb-
träume.«

Aber, so ermutigt Edda ihre Leidensgefährtinnen:
»Das Leben ist Veränderung, und nichts muss ewig
bleiben, wenn man den Mut und die Kraft aufbringt,
sich selbst, alte Verhaltens- und Denkweisen zu hinter-
fragen und Neues zu wagen!«

»Da war Zärtlichkeit, Wärme, Liebe«

Ersatzväter

> »*Meinen Pflegevater habe ich bewundert und geliebt. Er war eine Autorität für mich ...*«
>
> URSI

Häufig treten nach der Scheidung der Eltern Stiefväter oder auch einfach neue Freunde der Mutter in das Leben des Mädchens. Das kann gut oder schlecht gehen. Etwa zwei Drittel aller Frauen in den Zuschriften oder meinen Beratungen äußern sich wohlwollend und dankbar über ihren »Ersatzvater«. Rund ein Drittel hat schlechte Erfahrungen gemacht.

Ich wähle im Folgenden vier Beispiele aus: Da ist Arabella. Sie wurde mit knapp drei Jahren ein Scheidungskind. Der Vater hat sie vernachlässigt, obwohl sie ihn als »männlich, groß, einfach toll« empfand: »Mein kleines Herz hüpfte, und ich dachte, als ich ihn sah, ich hätte den besten Papi der Welt ... Bis zu den bitteren Kindheitserlebnissen, an denen er versprach zu kommen (wir trafen uns meistens bei meiner Oma), er aber entweder einfach nicht kam oder kurz vorher absagte.«

Der Stiefvater war äußerst streng: »Vielleicht war er zu jung für so viel Verantwortung. Er kam zu uns, da war ich drei Jahre und er 23 Jahre. Er hat mich, wenn ihm der ›Geduldsfaden‹ riss, geschlagen, aber heftig. Zum Beispiel, wenn ich meine Mutter abends nicht weggehen ließ (zum Sport) und einen wahnsinnigen Aufstand veranstaltet habe. Dann stürmte mein Stiefvater plötzlich in mein Kinderzimmer, indem ich zuvor mit meiner Mutter allein war. Er hat mich derartig angeschrien und mir mit bloßer Hand den Hintern ›versohlt‹, dass meine Mutter, so ihre Aussage, schon Mitleid mit mir hatte, aber nicht eingreifen konnte. Oder mit zwölf Jahren fiel mir beim Geschirrwegräumen eine Kristallschüssel herunter. Mein Stiefvater sprang vom Sofa auf, auf dem er lag und Fernsehen schaute, und hob den Couchtisch in die Luft, um ihn nach mir zu werfen. Allerdings kam er vorher zur Besinnung.«

Was ihren leiblichen Vater angeht, klagt Arabella: »Ich komme mir immer wieder vor, als würde ich ihm aus lauter Hunger und Sehnsucht ständig hinterherlaufen und anbetteln. Doch nie kommt etwas zurück.« Die Kränkung, dass ihr leiblicher Vater sie verlassen und sich wenig um sie gekümmert hat, sitzt tief und zeigt Konsequenzen: »Ich habe immer Angst davor, so zu werden wie mein Vater. Mir schwebt doch so eine ideale Familie vor: mit dem Mann, mit dem ich Kinder habe, alt und grau zu werden. Ich würde gern mit meinem leiblichen Vater ›Frieden‹ schließen.«

Ursi wiederum erlebte die Tragödie eines *unehelichen Kindes*. Es war für ein 1941 geborenes Kind eine soziale Schande: »Mein Vater war aber bereits verheiratet und hatte zwei Kinder. Er wollte sich von seiner Familie nicht trennen. Als meine Mutter das begriffen hatte, löste sie die Beziehung. Mein Vater kam in meinem Leben nicht vor.« Das noch Schrecklichere geschah: »Als ich ungefähr fünf Jahre alt war, bekam meine Mutter Tuberkulose. Ich musste vorübergehend in ein Kinderheim. Die Situation in der Ostzone nach dem Krieg war hoffnungslos, es gab keine Medikamente und wenig zu essen: Wir hungerten. Meine Mutter wusste irgendwann, dass es keine Heilung gab und dass sie sterben würde. Deswegen holte sie mich aus dem Heim und schickte mich zu entfernten Verwandten; das war kurz vor meinem siebten Geburtstag. Wenige Monate später starb sie.«

Keine Mutter und einen Vater, der die Mutter nicht heiratete: »Als ich später die Zusammenhänge begriff, habe ich sehr darunter gelitten. Katholisch wie ich war, war ich das Kind einer Sünde. Ich wurde meinem Vater gegenüber kritischer und zurückhaltender. Da er mich nicht anerkennen wollte, löste ich mit circa 30 Jahren die Verbindung zu ihm. Er konnte meinen Schritt nicht verstehen und interpretierte ihn als grenzenlosen Hass. Aber das traf nicht zu; ich wollte mich nur nicht mehr verstecken müssen und fühlte mich anschließend frei und erlöst. Als er viele Jahre später starb, hat mich das kalt gelassen. Den Vater, den ich mir gewünscht habe und der zu mir stehen konnte, hatte es nicht gegeben. Das macht mich noch heute traurig. So früh habe ich meine Mutter verloren und einen ›richtigen‹ Vater nicht gehabt. Ich habe viel vermisst in meinem Leben.«

In der Pflegefamilie gab es eine Oma sowie deren Tochter und deren Mann, die Ursi als Tante und Onkel bezeichnete. Ursi: »Meine Tante war bereits 49, mein Onkel 61 Jahre alt. Sie gehörten also der Großelterngeneration an. Umso größer ihre Leistung, noch so ein quirliges und neugieriges Kind aufzunehmen. Einfach war das nicht für sie, man schrieb das Jahr 1949!« Ursi erholte sich seelisch: »Das Bettnässen, das im Kinderheim ein Problem war, hört schlagartig auf. Später verstand ich, was sowohl das Einnässen als auch die Tatsache, dass es aufhörte, bedeutete! Ich war also in einem Zuhause angekommen.«

Die Tante und nun Ursis Pflegemutter war eine egozentrische Persönlichkeit und Besitzerin eines Modegeschäfts, das die Hautevolee bediente: »Mein Onkel und Pflegevater war ein gebildeter, humorvoller und reifer Mann, der als Journalist bei einer Lokalzeitung arbeitete. Doch er hasste Auseinandersetzungen. Bei uns ging es immer friedlich zu, die Probleme wurden unter den Teppich gekehrt. Meinen Pflegevater habe ich bewundert und geliebt. Er war eine Autorität für mich. Hätte ich nicht immer so ein miserables Gedächtnis gehabt, so hätte ich viel Allgemeinbildung von ihm mitbekommen: Er hat mir viel vermittelt. Ich erinnere mich daran, dass er bisweilen fragte: ›Und wer hat das gesagt? Wo steht das? Wer hat das geschrieben?‹ Onkel Stefan liebte klassische Musik, hörte öfter Schallplatten und fragte mich dann: ›Was ist das?‹ Er hat mich wirklich gefördert in intellektueller und kultureller Hinsicht. Seine Gefühle äußerte er nicht, aber ich spürte, dass er mich liebte.«

Nach dem Abitur musste Ursi, gegen ihren Willen, in das Geschäft der Pflegemutter: »Mein Pflegevater hat mich nicht verteidigt und mir nicht geholfen. Er hat die Entscheidung seiner Frau geschluckt, obwohl er natürlich verstand, dass ich in diesem Geschäft nicht gut aufgehoben war und dass ich gerne studieren wollte. Schließlich war er selbst studierter Volkswirt!« Doch Ursi zog aus und studierte. Ihre Kindheit empfindet sie rückblickend als eine Mischung von Fröhlichkeit und emotionaler Versteinerung, weil Gefühle unter Verschluss standen: »Mein Schmerz hätte mich umgebracht, hätte ich ihn zugelassen. Als meine Oma starb, die ich sehr geliebt habe – da war ich kurz vor dem Abitur –, konnte ich nicht weinen.«

Und doch konnte Ursi am Ende ihrer komplizierten Geschichte in der Pflegefamilie die Tante als Mutter anreden. Ihrem leiblichen Vater hat sie bis heute nicht verziehen: »Ich will an diese Seelenarbeit nicht rangehen. Oft denke ich, dass es nötig wäre, aber ich will mich nicht mehr anstrengen, ich will keine Schmerzen mehr! Manchmal denke ich auch, es ist nicht mehr wichtig. Und dann wieder: Ich sollte mal zu seinem Grab gehen und mal sehen, was dann passiert.«

Als inzwischen pensionierte und gebildete ehemalige Sonderschulrektorin ist Ursi weise geworden: »Die Beziehung zu meinem Pflegevater ist eher von Verständnis, von großer Dankbarkeit, aber auch von Traurigkeit geprägt. Immerhin haben mich meine Pflegeeltern bis zum Abitur zur Schule gehen lassen – da war mein Onkel schon 72 Jahre alt! Ich verdanke meinen Pflegeeltern sehr viel.« Ihren *Vatermangel* hat Ursi kompensiert: »Ich habe mich noch bis in meine Dreißigerjahre unattraktiv, zu dünn, hässlich und unsicher gefühlt. Erst durch eine längere Therapie habe ich mich selber lieben und schätzen gelernt. Da hatte ich meinen Mann längst schon geheiratet. Vielleicht habe ich ihn auch deswegen gewählt, weil er mich bestätigte, anerkannte und total zu mir stand. Er hat mir Sicherheit geboten, die ich im Leben nie zuvor erlebt habe. Er ist in diesem Punkt das absolute Gegenbild zu meinem leiblichen Vater.«

Friedrich Nietzsche (1844–1900), der Philosoph und Entlarvungspsychologe, fordert vaterarme Töchter und Söhne einmal mit einem kantigen Satz zur seelischen Selbsthilfe auf: »Wenn man keinen guten Vater hat, so soll man sich einen anschaffen« (*Menschliches, Allzumenschliches*, S. 189). Ich selbst habe das als Scheidungskind unbewusst mit meinem Doktorvater, einem gelehrten Professor in Bonn, getan: Er schätzte mich, ich liebte ihn. Selten habe ich so geweint wie bei seiner Beerdigung.

Gibt es keinen Vater nach dem Vater mehr? Doch.

Das Leben ist voller Überraschungen. Simone hatte Schwierigkeiten mit ihrem leiblichen Vater: »Vergeblich gesehnt habe ich mich nach Zärtlichkeiten, nach ruhigen, kuscheligen Momenten. Er war eher autoritär, seine Ehe kühl. Ich sehne mich vielleicht am ehesten nach einer Entschuldigung für die Schläge. Sie passierten phasenweise täglich, ich konnte nichts richtig machen. Als Erstgeborene hatte ich ein hartes Los.« Von ihm mitbekommen hat Simone allerdings »eine schnelle Auffassungsgabe, handwerkliches Geschick, ein Flair für Mathematik und die Liebe zur Natur und Tieren«: »Imponiert hat mir seine Anteilnahme an kranken, behinderten und alten Menschen, die ihm nahestanden.«

Der Vater hat Simone bis in ihre Ehe geprägt: »Mein Partner ist ebenfalls sportlich, handwerklich begabt, naturliebend, treu, aber auch konflikt- und diskussionsscheu. Aufgrund dieser Ähnlichkeiten hatte die Persönlichkeit des Vaters bereits einen Einfluss auf die Wahl: Mich ziehen hemdsärmelige Männer mehr an als schlaksige Bücherwürmer, die den ganzen Sonntag auf dem Sofa verbringen können.«

Simone hat sich jedoch eine *positive Vaterinstanz* gleichsam adoptiert: »Eine väterliche Instanz habe ich am ehesten in meinem Schwiegervater gefunden. Er hat studiert, ist aber immer noch gerne draußen unterwegs und praktisch. Er sucht das Gespräch, ist herzlich und offen. Wir sind immer dort willkommen, auch spontan.«

Simone ist die Tochter eines Bauern und selbst Bäue-

rin geworden. Sie empfand ihren Vater als »teilnahms-
los«. Er hatte es allerdings auch nicht leicht. Er kam aus
armen Verhältnissen mit neun Geschwistern und fand
wohl nicht eine liebende Frau: »Meine Mutter verlor
ihren so geliebten ersten Mann im Krieg, mein Vater
war danach nur der Ersatz. Heute sehe ich das als
damalige Tragödie – auch für meine Mutter. Was muss
wohl in all den Seelen für ein Schmerz gewesen sein.
Meine Mutter war meinem Vater gegenüber nur abweisend.«

»Mitgegeben hat mir dieser tüchtige Vater Ausdauer
bei der Arbeit, naturnahes Arbeiten, die Einsicht, dass
harte Arbeit schön sein kann. Ich bin auch Bäuerin
geworden mit großer Freude. Ich liebe die Tiere (Kühe)
und bin eine leidenschaftliche Almkäserin. Ich habe als
Kind gelernt, mitzuarbeiten und Verantwortung zu
übernehmen.« Und: »Als mein Vater starb, war ich
knapp 40, und mein Gefühl sagte mir etwa: ›Vater, es ist
vorbei, deine Schwere, deine unerfüllte Liebe in deinem
Leben. Mach es gut! Ich versteh dich.‹ Es hat mir leid
getan.« Simone hatte Glück. Sie fand einen guten Mann,
aber auch mit 50 Jahren einen zweiten Vaterersatz: »Ich
bin einem Mann begegnet (70 Jahre), der mir die Kunst
des Käsemachens zeigte, und das mit einer Liebe und
Fürsorge – so könnte ein Vater sein. Er ist heute mein
Käsevater, und das ist eine schöne und tiefe Beziehung.
So hat das Leben wohl die verschiedensten Dinge für
uns parat.«

Wunderschön hat Beatrix ihren *Ersatzvater* gewürdigt. Er hat sie »nachbeeltert«. In ihrem kinderlosen Doktorvater fand sie eine, von jeglicher Zweideutigkeit freie, väterliche Liebe. Der Medizinprofessor fand Zuneigung wie bei einer Tochter zu ihr. Sie selbst war ein Scheidungskind und litt unter der Wunde der Ungeliebten. Der Vater hatte sie links liegen lassen.

Beatrix, inzwischen selbst erfolgreiche Ärztin und verheiratet, schreibt: »Mein Doktorvater war der ideale Vater für mich. Auch seine Frau nahm mich ohne Eifersucht auf. Er führte mich in die Welt der Musik ein, in die klassische Literatur, übte mit mir Klavier und nahm mich zu Vorträgen auf Kongressen mit. Er unterstützte mich auch großzügig finanziell. Er war jedes Mal entzückt, wenn er mich sah. Ich nannte ihn immer italienisch *Padre*. Da war Zärtlichkeit, Wärme, Liebe. Ich bin seelisch gesund geworden an diesem ›Leihvater‹, der mich als Geschenk seines späten Lebens annahm, mich verwöhnte und mir ein jubelndes Selbstbewusstsein gab. Ja, ich habe gejubelt, dass ich für einen Menschen so wichtig war. Als er mit 63 Jahren überraschend an einem Sekundentod durch Herzinfarkt starb, habe ich geweint wie noch nie in meinem Leben. Aber ›Padre‹ ist in mir bis zu meinem Lebensende und wärmt mich wie ein Kachelofen.« Es war eine Liebe auf Gegenseitigkeit gewesen: Der »Padre« konnte seinerseits seine Kinderlosigkeit mit Beatrix kompensieren und seine brachliegende Väterlichkeit leben.

»Leihvater« – was für ein kluges Wort! Wichtig ist, dass eine erwachsene Tochter – über die *Vateradoption* hinaus –, anstatt zu hadern und in masochistischen Selbstabwertungen zu schwelgen, lernt, *sich selbst zu bevatern*. Wenn sie das gelernt hat, kann sie dem lebenden oder verstorbenen Vater auf gleicher Ebene, das heißt in der *Erwachsenenperspektive*, gegenübertreten. Sie kann darauf verzichten, jene Verwöhnung und Zuwendung, die sie in der Kindheit vermisste, jetzt noch bekommen zu wollen. Das ist ohnehin absurd. Die Eltern sterben biologisch vor uns. Wir müssen uns ablösen, ob wir wollen oder nicht. Wir sind selber für die berühmten »Streicheleinheiten«, die wir brauchen, verantwortlich.

Angst und Vaterentbehrung behalten also nicht das letzte Wort. Zärtlichkeit, Wärme und Liebe können sich Töchter, wie wir sahen, »borgen« – von Ersatz- und Stiefvätern. Auch in den Märchen gibt es neben den bösen Zauberern und den verwünschenden Feen gute Zauberer und beschützende Feen. Wenn sich eine Tochter die Zärtlichkeit von einer anderen Vaterinstanz holt und genießt, dann beherrscht sie die Kunst des Liebens und heilt sich selbst. Sie darf sich, durch die Angst hindurch, fallen lassen, in eine stellvertretende, vielleicht sogar reifere Liebe.

Gefall-Tochter, Leistung-Tochter, Trotz-Tochter?
Partnerwahl

»Ich wollte es meinem Vater zeigen und ich habe es ihm gezeigt.«

MAREN

Frauen (wie Männer) gehen bei der Paarfindung durch ein Labyrinth des Unbewussten. Das Geheimnis der Partnerwahl entschlüsselt sich, wenn überhaupt, meist erst nach Jahren und nur durch psychologische Spurensuche. Die Schauspielerin Lilli Palmer bemerkt in ihrer Autobiografie (*Dicke Lilli – gutes Kind,* S. 311): »Wenn wir heiraten, übernehmen wir ein versiegeltes Schreiben, dessen Inhalt wir erst erfahren, wenn wir auf hoher See sind.« Das Rätsel der Kollusion, des neurotischen Zusammenspiels und schamhaft verborgener Motive und Strebungen, führt Frauen in seelische Abgründe, zu kindlichen Defiziten und unbewussten Heilungsversuchen ihrer Tiefenpersönlichkeit. Es ist ein Gefühlsdickicht verstörender partnerschaftlicher Irrungen und Wirrungen.

Nicht immer wählt die erwachsene Tochter den Partner aus reiner Liebe. Oft ist er auch nur der *Fluchthel-*

fer. Er bildet das Sprungbrett in ein neues, eigenständiges Frauenleben. Er soll helfen, die gewaltsame Ablösung vom Elternhaus zu organisieren. Fazit: Wo Frauen sich einen überlegenen oder unterlegenen Mann suchen, wo sie einen abwesenden oder einen stumpfen Partner favorisieren, wo sie, gegen den Vater gerichtet, eine Protestwahl vornehmen oder das *negative Selbst* zum Partner machen – sie folgen einer verdeckten seelischen Kompensationsstrategie, einem Akt komplizierter Selbstregulation.

Wir haben bereits wiederholt den Zusammenhang zwischen Partnerpersönlichkeit und Partnerwahl, das heißt der konstruktiven oder destruktiven weiblichen Auslese der Männer gestreift. Die Jungianer sprechen dabei von einem *positiven* oder *negativen Vaterkomplex.* Da gibt es zahlreiche Varianten. In dem Grimmschen Märchen *Der Froschkönig* behandelt der Vater seine jüngste und schönste Tochter als Kronprinzessin. Das etwas zickige und hilflose Mädchen ist ihm absolut ergeben. Sie ist konfliktscheu und fällt prompt auf den depressiven Froschmann herein. Denn sie erwartet als erwachsene Frau die Erfüllung all ihrer preziösen Wünsche vom »Vatermann«. Sie ist grenzenlos verwöhnt, gleichsam pudergezuckert. Erst unter Leidensdruck lernt sie die Aggression und klatscht ihren Zweikomponentenkleber von Mann entschlossen an die Wand. Sie befreit sich damit von ihrer alten, duldenden Rolle. Der Froschmann landet als Prinz auf dem Boden. Er hat seine klägliche Rolle begriffen und beendet. Aber

Achtung, liebe Leserin, nicht jeder Mann, den du an die Wand wirfst, kommt als Prinz wieder herunter!

Da gibt ein Vater zu verstehen, »Frauen haben wenig Hirn und gehören in die Küche« – prompt fühlt sich die Tochter wertlos und praktiziert in der Ehe einen Kriechgang. Ein anderer packt seine Tochter in Watte und »kokoniert« sie; später leidet sie an dieser *erworbenen Hilflosigkeit*. Ein dritter Vater unterjocht die Tochter – sie versteckt sich auch in der Ehe und spielt die Opferrolle.

Verena Kast analysiert in ihrem Buch *Vater – Töchter, Mutter – Söhne. Wege zur eigenen Identität aus Vater- und Mutterkomplexen* (S. 146) grundsätzlich: »Wird zu wenig abgelöst, dann leben wir unser Leben unter den immer gleichen Befürchtungen und mit den immer sich gleichenden Erwartungen, die irgendwie an der Realität vorbeigehen; eventuell bauen wir riesige Kompensationsstrukturen auf, in die wir viel Zeit unseres Lebens investieren und die uns letztlich doch unbefriedigt lassen.« Die Lösung sieht die Psychoanalytikerin darin, sich abzulösen und aufzubrechen (S. 163): »Es geht um Landnahme im ›unbekannten Land‹, und bei dieser Landnahme kann man sich nur auf die eigenen Gefühle, das eigene Denken, das eigene Träumen verlassen und auf die eigene Fähigkeit, immer wieder neu in Beziehungen zu Mitmenschen einzutreten.«

Was hat es in diesem Zusammenhang mit den Begriffen *Gefall-Tochter, Leistung-Tochter, Trotz-Tochter* auf sich? Die Psychologin Julia Onken, die in Romanshorn das *Frauenseminar Bodensee* begründete und leitet, definiert diese töchterlichen Grundhaltungen (in: *Vatermänner. Ein Bericht über die Vater-Tochter-Beziehung und ihren Einfluss auf die Partnerschaft*, S. 68ff.) so:

Die *Gefall-Tochter* buhlt um die Zuneigung des Vaters durch angepasstes, gefälliges Verhalten. Sie chargiert wie unsere Prinzessin im Märchen *Der Froschkönig*. Dieses Mädchen darf nie ruppig, ungezogen, aggressiv sein. Es muss, koste es, was es wolle, die Rolle von »Papas Sonnenschein« spielen. Es darf auch nicht traurig sein. Es lebt gleichsam im ewigen Land des Lächelns: »Immer nur lächeln, immer vergnügt, doch wie's da drinnen aussieht, geht keinen was an.« Die Gefall-Tochter darf nicht weinen und nicht traurig sein. Was macht sie mit ihrer Depressivität, die sie doch auch gelegentlich hat? Sie versteckt sie. Sie tarnt sie. Sie liest dem Vater im vorauseilenden Gehorsam jeden Wunsch von den Lippen ab. Sie ist, so steht zu vermuten, eine perfekte kleine Schauspielerin: Ich gefalle, also bin ich.

Die *Leistung-Tochter* stammt häufig aus einem emotionalen Mangelhaushalt. Sie hat von ihrem Vater keine zugewandte Liebe erfahren. Oft sollte sie eigentlich Vaters Junge werden. Nie wurde sie von ihm geschmust und auf den Schoß genommen. Niemals trocknete er ihr liebevoll ihre Tränen. Nie streichelte er sie. Väter von Leistung-Töchtern zeigen sich meist unnahbar und gefühlsstarr. Das Mädchen sucht die Liebe des Vaters durch Leistungen zu gewinnen. Sie strampelt sich ab.

Sie bringt glänzende Noten heim, wird beruflich extrem tüchtig. Kurz, sie tut alles für die väterliche Anerkennung. Aus dieser Not heraus wird sie, positiv gesehen, eher selbstständig und unabhängig – ein Alphatier. Ihre, meist unbewusste, Lebensmaxime lautet: Ich bringe Leistung, also bin ich.

Die *Trotz-Tochter* leistet dem Vater Widerstand, auf Biegen und Brechen. Ihr Trotz ist sozusagen die Stärke der Schwachen. Ihr Leben heißt sich wehren. Mit Trotz erzwingt sie väterliche Aufmerksamkeit. Das ist der Schöpfungsakt ihrer vom Vater ignorierten Weiblichkeit. Ich bin, weil du mich sehen musst. Auch wenn die Familie die Trotz-Tochter als wild und ungebärdig empfindet, ist sie doch ein Schattenkind. Das ist ihre tiefste und schmerzlichste Wahrheit: Die im Schatten sieht man nicht. Sie will verzweifelt in den Strahlenglanz des väterlichen Interesses gelangen. Im Zweifel mit Gewalt und rebellischen Inszenierungen: Ich leiste Widerstand, also bin ich.

Als *Gefall-Tochter* bis zum 16. Lebensjahr sieht sich Ria, von der wir im zweiten Kapitel gehört haben: »Danach war ich die ›Leistung-Tochter‹ (beide Staatsexamen mit Auszeichnung) und 13 Jahre später wurde ich die ›Trotz-Tochter‹: Alles, was ich bis dahin beruflich erreicht hatte, unter anderem die Einstellung als Beamtin auf Lebenszeit, habe ich aufgegeben für meine Träume; dies ging nur durch ›Trotz‹, denn meine Eltern schrien beide Zeter und Mordio. Ich ließ mich nicht beeindrucken und machte meinen Weg. Das war harte

Arbeit in der Auseinandersetzung … Das Haus, in dem mein Vater die gesamte Elektroinstallation vorgenommen hatte, haben wir im Zuge der Trennung von meinem ersten Mann verkauft; die Trennung, der Hausverkauf, mein Auszug waren eine Katastrophe für meine Eltern. Ich war nicht mehr angepasst, sondern die Rebellin. Dann habe ich noch meinen Beruf als Lehrerin an den Nagel gehängt.« Inzwischen hat Ria eine gestalt- und sexualtherapeutische Ausbildung absolviert und leitet erfolgreich eine Familienberatungsstelle.

Angst kann die Überlebensstrategie einer *Gefall-Tochter* sein: Uta-Maria hatte große Angst vor ihrem Vater: »Bei der kleinsten Unstimmigkeit wurde er hysterisch, flippte völlig aus, schrie nur noch herum, und wir wussten gar nicht, wie uns geschah. Wir bekamen oft aus unerfindlichen Gründen Schläge.« Er war körperlich unattraktiv: »Ich ekelte mich vor meinem Vater. Oft saß er mit seinem Bierbauch und Halbglatze in Schlabberhose und nacktem Oberkörper auf der Couch, rülpsend und furzend. Dabei war er klug und ›wusste einfach alles‹.« Viele Jahre ihres Lebens hat Uta-Maria trotzdem ihren Vater verehrt und zu ihm aufgeschaut. Welche Zwiespältigkeiten! Äußerlich war sie eine – geduckte – *Gefall-Tochter*: »Irgendwie hatte ich mich mit der Situation zu Hause arrangiert und bin den Weg des leisesten Widerstandes gegangen. In den kommenden Jahren ging es dann nur noch darum, bloß nicht zu provozieren, zu funktionieren und nicht im Weg zu stehen. Ich spielte also die gehorsame Tochter.«

Ihre verborgene vulkanische Wut lebte Uta-Maria autoaggressiv aus: »Ich schlug mich oft heftig am ganzen Körper, um wenigstens ein wenig von dem Druck in mir abzubauen. Mehr als einmal dachte ich, verrückt zu werden.« Inzwischen hat sie sich von ihrem Vater abgelöst und seit über drei Jahren keinen Kontakt mehr mit ihm. Sie ignoriert seine Morddrohungen.

Uta-Maria hat gleich zwei Vaterfiguren »adoptiert«: »Nach Abschluss meiner Fortbildung zur Sekretärin fand ich eine Arbeitsstelle bei meinem wunderbaren Vorgesetzten, den ich bis zu seiner Pensionierung begleiten durfte. In jeder Hinsicht zufrieden mit meiner Arbeit, aufbauend, immer gut gelaunt, witzig, immer ein gutes Wort auf den Lippen, dankbar für meine gute Arbeit. Er war einfach Balsam für meine verhungerte Seele. Es entwickelte sich zu einer Tradition, dass wir uns gegenseitig aus dem Urlaub gereimte Briefe oder Postkarten schrieben. Diese hüte ich wie einen Schatz. Manchmal hole ich sie hervor. Dann bin ich sofort gut drauf, es ist wie ein Seelenpflaster. Auch Gott als liebenden Vater in meinem Leben zu erfahren war äußerst wichtig.«

Eine *Leistung-Tochter* ist Maren. Sie wuchs als Schattenkind in der Geschwisterhierarchie unter ihren beiden älteren Brüdern auf. Maren: »Mein Vater war aus kleinen Verhältnissen und hat sich zu einem erfolgreichen Unternehmer mit über fünfzig Angestellten hochgearbeitet. Leistung war seine Religion. Er war vernarrt in seine Söhne. Er erfüllte ihnen jeden Wunsch. Mit 18 bekam jeder ein Auto. Sie durften reiten, Tennis spielen, transatlantische Reisen unternehmen und in Hawaii surfen. Mich übersah er. Ich war »nur« ein Mädchen. ›Du wirst ohnehin heiraten‹, meinte er, ›diese Investition lohnt sich nicht.‹ Da ich eher schüchtern war, bekam er von meiner Intelligenz, von meinen schlummernden Fähigkeiten nichts mit. Durch eine Intervention meiner Mutter konnte ich auf das Gymnasium, machte als Klassenbeste das Abitur, studierte Latein, Griechisch und Philosophie und leite heute selbst als Oberstudiendirektorin ein Gymnasium. Ich wollte es meinem Vater zeigen, und ich habe es ihm gezeigt. Darauf bin ich, wenn ich ehrlich bin, mächtig stolz, denn dieser ›Frauenfresser‹, wie ich ihn immer zärtlich nenne, rumort noch in meinem Kopf. Meine Brüder schafften es nur mit Müh und Not zum Abitur und brachen beide ihr BWL-Studium ab. Sie sind in der Firma meines Vaters untergekrochen und litten lange unter seiner Despotie.«

Dagegen war Klara-Marie seit der Pubertät eine *Trotz-Tochter*. Ihr Vater gerierte sich als Haustyrann und Besserwisser. Die Mutter zog sich in depressive Verstimmungen und nie enden wollende »Frauenkrankheiten« zurück. Da sie den Ehemann sexuell zum Hungerleider machte, wurde er vollends unerträglich. Klara-Marie: »Als er mich mit 15 Jahren wieder einmal schlug, habe ich zurückgeschlagen. Er war wie erstarrt. Er begriff nicht, dass er ein für alle Mal bei mir verloren hatte. Er wagte nie wieder, mich anzurühren. Aber ich tobte innerlich. Dieses autoritäre Familiensystem kotzte mich an. Ich wurde zu einer ›Anarchistin der Lebensfreude‹, wie ich meinem Tagebuch von damals anvertraute. Ich soff, was die Kanne hielt, ich rauchte, kiffte, schlief mit allen männlichen Zweibeinern, klaute in Kaufhäusern Kosmetik und Zigarren, ja Zigarren. Das Letztere fand ich rebellisch. Über meinem Bett hing ein selbstgemaltes Plakat des Revolutionsdichters Georg Büchner – ›Krieg den Palästen. Friede den Hütten.‹ Nach der Scheidung meiner Eltern verlor ich den Vater als Hassgegenstand aus den Augen und wurde friedlich. Heute bin ich stolz auf meine florierende psychotherapeutische Praxis und liebe meinen vitalen und gefühlsstarken Mann.«

Du kannst dich also selbst fragen, liebe Leserin, ob du eine *Gefall-Tochter*, eine *Leistung-Tochter* oder *Trotz-Tochter* gewesen bist und ob sich das gewandelt hat? Wie steht es mit deiner Partnerwahl?

Marita diagnostiziert knapp und deutlich: »Mein Vater hat mir in der Pubertät nicht das Gefühl gegeben, dass ich wunderbar bin, sondern das genaue Gegenteil. Das ist für mich und meine heutigen Männerbeziehungen noch immer eine Katastrophe. Ich habe drei (!!!) gescheiterte Ehen hinter mir. Ich scheine bis heute (!!!) nicht darüber hinwegzukommen, so tief ist das.«

Was könnte das *pleasen* (engl. to please everybody – es allen recht machen) einer Frau bedeuten? 20 Jahre lang hat Marita alles getan, damit ihr Unternehmervater, noch mit 71 ein *workaholic,* zufrieden ist und sie liebt:

»Dabei habe ich mich selbst verletzt und die falschen Männer ausgesucht, in der Hoffnung, sie würden ihm gefallen.« Es waren offensichtlich untaugliche Versuche. Der Mann muss der Frau, nicht in erster Linie dem Schwiegervater gefallen. Marita weiter: »Als meine zwei Töchter auf die Welt kamen und ich meinen Vater nicht mehr ›pleasen‹ (ihm alles recht machen) konnte, war er enttäuscht, war eifersüchtig und gemein.«

Marita hat darauf reagiert: »Eine ganz tolle Lehre war es für mich, mich loszulassen, ihn zu lieben, wie er ist, und ihn um Respekt und Liebe zu bitten. Leider war er das von mir nicht gewohnt. Er brach den Kontakt ab, wie er es immer tut, wenn es schwierig wird in der Familie. Ich wusste das. Ich musste trotzdem meine eigenen Gefühle und Bedürfnisse anerkennen.«

Die *Vater-Flucht* kann zu einer überstürzten Eheschließung führen. Alexandra, Tochter eines konservativen und bestrafenden Kraftfahrers und Autoschlossers (»Berührungen gab es so gut wie nicht«) bekennt: »Die Vaterpersönlichkeit hat insofern Einfluss auf meine erste Partnerwahl, dass ich nach dem Tod meiner Mutter mit 19 in eine Ehe geflüchtet bin, die nach sieben Jahren scheiterte. Mein zweiter Mann hat die Wärme, die mir fehlte.«

Welche Folgen kann eine negative Vaterkonstellation nach sich ziehen? Manuela sehnte sich vergeblich nach einem Lob ihres abwesenden und gefühlsarmen Vaters. Mit 16 wurde sie zum Scheidungskind. Der familiäre Scherbenhaufen hat sie umgetrieben: »Ich suchte schon in frühen Jugendjahren einen Mann, mit dem ich eine echte Familie haben könnte. Das, was ich mir immer gewünscht habe, aber nie hatte. So heiratete ich mit 24 Jahren meinen damaligen Vorgesetzten. Er war sieben Jahre älter und gut zur Familiengründung geeignet. Ich bekam zwei Kinder, wir kauften ein Haus, wir verdienten gut und verstanden uns auch gut. Aber nach etwa vier Jahren stellte sich bei mir dennoch eine Unzufriedenheit ein. Ich begann eine Außenbeziehung, die ich nach drei Monaten meinem damaligen Mann gestand. Wir trennten uns auf Probe. Gleichzeitig machten wir eine Paartherapie, in der wir sehr viel lernten. Es stellte sich aber heraus, dass ich in ihm eher den Vater als den Mann gesehen hatte. Wir trennten uns dann auch endgültig. Allerdings in ›Liebe‹ und ohne Rosenkrieg.«

Manuela löste sich damit aus einer *negativen Vaterkonstellation*. In ihrem väterlichen Vorgesetzten hatte sie einen Beschützer und Familiengründer gesucht, einen warmherzigen »Papa«. Sie begegnete ihm also nicht auf der Augenhöhe einer reifen Frau-Mann-Beziehung mit all ihrer erotischen Spannung und leidenschaftlichen Polarität. Ein anderer, jüngerer Mann ließ sie genau das und damit ihre brachliegende Weiblichkeit entdecken. Eine Renaissance ihrer sinnlichen Gefühle brach durch. Um Schuld ging es weder bei Manuela noch ihrem Ehemann, deshalb fanden sie auch eine einvernehmliche Trennung, bei der die Dankbarkeit und der Respekt vor dem Expartner das letzte Wort hatten.

Natürlich gibt es auch die positive *Vater-Tochter-Übertragung*. Auch das ist nicht ohne Zwiespältigkeit. Die Frau wird ihre guten Gefühle für den geliebten und liebenden Vater unbewusst auf jeden Anwärter ihrer Liebe übertragen, und zwar positiv oder negativ: War der Vater tatsächlich eine gute, schützende und anerkennende Instanz, so muss der Ehepartner diesem Vorbild entsprechen. Kann er diese Erwartungen nicht erfüllen, droht er unter das Fallbeil der weiblich-töchterlichen Erwartungen zu geraten …

Eine positive Vater-Tochter-Übertragung basiert oft auf dem *Finden als Wiederfinden*. Was heißt das? Margarete-Luise (33), eine Klientin von mir, verliebte sich auf den ersten Blick in einen »Vater-Mann«. Die Chemielaborantin lernte Martin, einen blonden, hübschen Pharmavertreter, auf der Geburtstagsparty ihrer Freundin kennen. Aber es war weniger seine raffaelsche Engelsgestalt, die sie entzückte, als vielmehr seine väterliche Qualität. Martin hockte nämlich, als Margarete-Luise verspätet eintraf, in einem Kinderstühlchen und spielte mit der Tochter der Freundin hingebungsvoll Hoppe-Hoppe-Reiter. Später las er der Kleinen mit viel Intonation und Begeisterung das Grimmsche Geschwistermärchen *Die sechs Schwäne* vor. Er beachtete Margarete-Luise überhaupt nicht. Martin war vollständig in seine freudvolle Begegnung mit dem Mädchen versunken.

Margarete-Luise erinnert sich: »Ich konnte meinen Blick nicht von diesem zärtlichen Mann lösen. Er schien mir wie mein Vater. Genauso hatte mein fröhlicher Vater mit mir als Kind gespielt, meine Nähe gesucht und mir Abend für Abend meine Lieblingsmärchen vorgelesen.« Sie fährt fort: »Ich verliebte mich fast gegen meinen Willen in Martin, denn ich lebte noch in einer Beziehung, die allerdings ein ziemlicher Wackelpudding war. Ich wollte so von Martin geliebt werden. Ich habe gekämpft wie eine Löwin um ihn, denn er war zwar unverheiratet, aber mit einer Arbeitskollegin liiert. Heute liest Martin mir Märchen vor und spielt stundenlang Scrabble mit mir. Natürlich ist er nicht mein Vater. Manchmal zieht er sich tagelang innerlich zurück und ist kaum ansprechbar. Eine Idealehe führen wir sicherlich nicht. Aber über meinem Biedermeiersekretär, den mein Vater mir zu unserer Hochzeit schenkte, hängen zwei Fotos: Vater und Martin.«

Die Liebe einer Tochter als väterliches Finden und Wiederfinden enthält also gleichermaßen Elemente des Realen wie des Irrealen, des Erfahrenen wie der Projektion. Die Illusion kann beflügeln oder zum Absturz in die Ernüchterung führen.

Frauen und Männer glauben, seelisch jungfräulich in die Ehe oder in die Hauptbeziehung ihres Lebens zu treten (das gilt auch für schwule Paare). In Wahrheit bringen wir sowohl die *Mitgift* als auch die *Hypotheken* der Ursprungsfamilie mit. Die Letzteren können die späteren Sollbruchstellen und Materialermüdung der Beziehung programmieren: wenn wir sie nicht erkannt und aufgearbeitet haben. Bert Brecht betonte,

»die Liebe ist eine Produktion«. Das ist es. Sie ist eine Knochenarbeit.

Im Teufelskreis von Vater und Ehemann verfängt sich manche Frau. Rosemarie litt unter der väterlichen Gewalt: »Schläge, vor allem, weil ich als Kind Fingernägel abgebissen habe und ich jeden Samstag mit dem Kochlöffel für jeden Nagel einen Schlag auf den Po bekam. Die nächste Woche für jeden abgebissenen Nagel zwei.« Sie durfte weder auf die Handelsschule noch in die Lehre in einen anderen Betrieb als dem väterlichen Büro: »Ich hätte auch gerne Frisörin gelernt, doch da sagte er: ›Das ist ein Nuttenberuf, kommt nicht infrage.‹ In meiner ersten Ehe habe ich mir den gleichen Mann ausgesucht, wie mein Vater war. Mit den Jahren trank mein Mann immer mehr Alkohol und verabreichte mir regelmäßig Schläge. Fast sechs Jahre habe ich es ausgehalten. Ich habe die Scheidung eingereicht, doch einmal wieder zurückgenommen, weil mein Vater sagte: ›Eine Tochter von mir lässt sich nicht scheiden.‹ Beim zweiten Anlauf habe ich die Scheidung durchgezogen. Mein Vater erzählte überall: ›Die Nutte ist mit einem Kellner durchgebrannt‹.«

Von den Schlägen des Vaters zu den Schlägen des Ehemanns – das ist ein »neurotischer Wiederholungszwang« (Freud). Nur eine Therapie oder Selbstreflexion kann diesen Teufelskreis durchbrechen.

Rosemaries Fall ist idealtypisch. Trägt eine Frau wie sie die Wunde der väterlich Ungeliebten in sich, so wird möglicherweise der spätere Ehepartner das seelische

Loch dieser Vaterentbehrung füllen müssen. Ob er das leisten kann, ist fraglich. Denn es ist eine regressive, also rückwärtsgewandte Sehnsucht. Im schlimmsten und neurotischen Fall versucht das ehemals ungeliebte Mädchen als erwachsene Frau immer noch die Liebe des schlechten Vaters zu gewinnen – in Gestalt eines sie schlecht behandelnden Partners. So ist es zu erklären, dass misshandelte Frauen oft wiederholt an missbrauchende Männer geraten.

Der Vater ein Narzisst, der Ehemann ein Narzisst. Ist das ein Zufall? Gabys Vater war ein Narzisst und Weiberheld. Seine Ehe war eine Scheinehe. Er hatte viele verborgene Außenbeziehungen. Er konnte die Finger von Frauen nicht lassen, selbst wenn sie blutjung waren: »Mein schlimmstes Erlebnis war, als er seinen 80. Geburtstag feierte. Er lud uns alle ein. Wir hatten damals die Gastschülerin Katja aus Finnland. Unglaublicherweise machte er sich auf der Feier an unserer Gastschülerin zu schaffen und ging ihr an die Wäsche. Ich habe die Situation dann beendet, indem ich mit Katja die Plätze tauschte.«

Gaby: »Ich habe leider ebenso einen Narzissten, wie mein Vater war, geheiratet. Ich setze mich nach 35 Jahren Beisammensein noch mit meinem Mann auseinander, obwohl ich oft gerne wegliefe. Ich habe mich stets nach Ersatzvätern gesehnt und danach gesucht, aber nie jemanden gefunden, der bereit war, eine Zeit lang diese Rolle auszuführen und mich zu beraten.«

Was für ein Drama bilden diese geheimen Motive der

Partnerwahl! Wer kennt nicht den verzweifelten Aus-
spruch frustrierter Frauen über die Männer: »Die, die
mir nicht guttun, die liebe ich, und die, die mir guttun,
die liebe ich nicht.« Warum wählt die »Schöne« aus-
gerechnet das »Biest«? Oft bin ich erschüttert von
diesen Frauen und ihren Leidenserlebnissen mit Männern. Babette, 37, Krankenschwester, empfand ihren
Mann Hubert, 42, als Sadisten – und das nicht zu
Unrecht. Er stammte als Arzt aus einem sogenannten
»guten Haus«. Babette gegenüber spielte er seine höhere Bildung, seine Fremdsprachenkenntnisse und seine Sportlichkeit als guter Golfer gnadenlos aus. Er bla-
mierte sie vor anderen, deckte ihre Wissenslücken auf,
kritisierte ihr Aussehen (»Du hast einen Hängebusen
und Cellulitis«), lachte hämisch über sie und pflegte sie
seinen Kollegen als »meine künftige Altenpflegerin«
vorzustellen.

Zehn Jahre ließ sich Babette seine Demütigungen gefallen. Warum tat sie das? Sie war diese Art der man-
gelnden Wertschätzung und Erniedrigung aus ihrer
Herkunftsfamilie und vor allem von ihrem autoritären
Vater gewohnt. Sie hatte die höhere Schule nicht geschafft. Zudem war sie in ihrer Jugend wegen ihrer
körperlichen Pummeligkeit als Mädchen »außer Konkurrenz«. So lernte sie, Kränkungen buchstäblich he-
runterzuschlucken und gute Miene zum bösen Spiel zu
machen. Ein bescheidenes Maß an Anerkennung er-
kaufte sie sich durch unverhältnismäßige Dienstleistun-
gen. Auch ihren sadistischen Dr. med. Mabuse gewann

sie durch masochistische Unterwerfung und unbegrenzte Serviceleistungen. Dabei hatte Babette die Spezialisierung zur OP-Schwester geschafft, bildete selbst Schwesternschülerinnen aus, spielte vorzüglich Klavier und war »eigentlich« eine starke Frau. Im Krankenhaus war Babette angesehen. Der Chefarzt schätzte und lobte ihre Kompetenz. Dort trat sie selbstbewusst auf. Doch warum ordnete sie sich privat in ihrer Ehe so sklavisch unter?

Dass Ich-schwache Frauen dem hypnotischen Sog männlicher Kraftmeier verfallen, liegt auf der Hand. Ich habe mich aber immer etwas ratlos gefragt, warum gerade starke Frauen sich in den Fallstricken eines »bösen« Partners verheddern. Die Antwort: Sie haben den patriarchalen Vater ihrer Ursprungsfamilie als dominanten Herrschertypus und Leitfigur verinnerlicht. Äußerlich lehnen sie diesen herrischen Männertypus ab. Sobald sie sich jedoch in den konkreten männlichen Leitwolf verlieben, agieren sie als das schwache Mädchen von damals. Sie sind fasziniert, abhängig, beeindruckt, wehrlos. In ihrem Unbewussten begegnen sich der Archetyp des Patriarchen und das ihm verfallene schwache Mädchen. Ihr geheimes Männerbild lässt sie achtlos und desinteressiert an den lieben Männern vorbeigehen, die ihnen Treue und Zartheit schenken würden. Sie wählen, trotz ihrer äußerlichen Stärke und hohen Berufsqualifikation, den patriarchalen Quälgeist. Sie fühlen sich von ihm angezogen.

Wie es mit Babette ausging? Tatsächlich befand sie

sich in ihrer Ehe wieder exakt im abwertenden Milieu ihres patriarchalen Elternhauses. »Lange Haare, kurzer Sinn« war der Lieblingsspruch ihres Vaters über Frauen gewesen. Glücklicherweise schaffte sie die Ablösung.

Die Beendigung dieses elenden, neurotischen Zusammenspiels, der masochistischen *Kollusion*, gestaltete Babette hochsymbolisch: Wohl aus den Tiefen des Unbewussten die Idee schöpfend, schüttete sie ihrem Ehemann, als er sie zum tausendsten Mal verbal quälte, wortlos den vollen Putzeimer über seinen erlesenen Anzug, packte das Kind unter den Arm und zog ein für alle Mal aus Haus und Ehe aus.

Liebe ist Wissen
Spurensuche

> *»Der Verlust der Heimat, der quälende wirtschaftliche Existenzkampf, sein ganzes unausgelebtes Leben haben ihn verbittert und ungerecht gemacht.«*
>
> FRIEDA

Vor der Versöhnung kommt die *Spurensuche*, das Wissen über den Vater. Liebe ist Wissen. Je mehr ich von einem Menschen weiß, umso besser verstehe ich ihn: seine Art zu lieben, sein Unvermögen und seine Gaben, kurz: seine einmalige Prägung. Die meisten Befragten wissen, wie ich schon in meinem Männerbuch *Raben-vater. Warum ich meinen Vater trotzdem liebe* feststellte, wenig über den ersten Mann in ihrem Leben, zumal wenn er verschlossen und psychisch abwesend war.

Töchter wissen oft, nicht anders als Söhne, wenig über ihre Väter. Das entnehme ich den schriftlichen Antworten. Sie sprechen von ihren Vätern als einer Art *Vatermorgana*, gleichsam einer vagen Luftspiegelung ohne Hintergrund. Wie erstaunt war Flora, als sie nach ihres Vaters Tod aus der Firmengeschichte des Konzerns, in dem der Vater als höherer Angestellter gearbeitet hatte, erfuhr, dass dieser jüdischen Kollegen zur finanziellen Abfindung und Auswanderung verholfen hatte. Der bescheidene Mann hatte nie davon erzählt. Er hielt seine damalige Zivilcourage wohl für selbstverständlich, aber Flora hatte ihn auch nie nach seinem Verhalten in der NS-Diktatur gefragt. Flora: »Heute schäme ich mich für meine Gleichgültigkeit.«

Wenn eine Tochter nicht die *Gefangene ihrer Vergangenheit* bleiben will, muss sie zwei Dinge leisten: *Gefühlsarbeit* und *Spurensuche*. Sie muss sich, auch wenn es noch so weh tut, der Gefühle bewusst werden, die sie als Kind in bestimmten Situationen empfand. Das ist eine ebenso schmerzhafte wie befreiende Seelenarbeit. Die Gefühlsarbeit kann sie, wie wir gesehen haben, allein oder mit psychotherapeutischer Hilfe leisten. Sie geht dann den berühmten analytischen Weg der fünf Schritte: *Erinnern. Beweinen. Bewüten. Begreifen. Beenden.*

Spurensuche bedeutet für die Tochter, auf den Vater, wenn er noch lebt, zuzugehen, ihn über sein Leben, seine Entwicklung, seine Erfolge und Enttäuschungen, seine Sehnsüchte, seine Prägungen, seine Position in der Ursprungsfamilie, seine geschichtliche Umgebung, seinen beruflichen Weg, seine Liebesgeschichten, seine Trauer, seine Freuden, sein Verständnis von Männlichkeit und vieles mehr zu befragen. Ist der Vater gestorben, gibt es meist die Möglichkeit, bei der eigenen

Mutter, seinen Geschwistern, Arbeitskollegen und Freunden zu recherchieren.

Als Jüngster habe ich selbst viel von meinem ältesten Bruder über meinen (geschiedenen) Arztvater erfahren. Als ich nach dem Tod meines Vaters mit klopfendem Herzen seine letzte Freundin Franziska besuchte – ich hatte Angst, dass sie mich rauswerfen würde – , erzählte sie mir, dass mein wohlhabender Vater im Alter geizig gegen sich selbst wurde. Franziska hatte ihn nämlich gefragt: »Warum lebst du so spartanisch? Dein Kühlschrank ist fast leer.« Mein Vater erwiderte: »Ich spare für meine vier Kinder.« Als ich das hörte, brach ich in Tränen aus. Ich habe ihn, dem »Schurken« des Familiendramas, Abbitte geleistet. Gleichzeitig konnte ich mich von den noch verbliebenen Hassgefühlen gegen ihn lösen. Hass ist, psychoanalytisch gesehen, *enttäuschte Liebe*. Sie bindet uns unablösbar an das Objekt des Hasses.

Carmen steht diese *Vaterarbeit* wohl noch bevor. Ihr Vater war ein kleiner Nebenerwerbslandwirt mit zusätzlichen Fischereirechten. Als die Mutter kurz nach dem Krieg bei der Geburt des fünften Kindes starb, »kümmerte er sich nicht mehr um uns«. Die Stiefmutter bedeutete für die Kinder »eine Leidenszeit, die man so in der heutigen Zeit nicht mehr durchmachen möchte«. Carmens Vater starb alleine im Krankenhaus, »und bei seiner Beerdigung konnte ich keine Träne verlieren«. Carmen spricht von einer Vater-Tochter-Beziehung, »die eigentlich keine war«. Das ist schlimm. Mit zwei winzigen Sätzen deutet die enttäuschte Tochter die Tragödie des Vaters an: »Mit dem Tod meiner Mutter ist bei meinem Vater auch die Liebe zu uns Kindern gestorben. Auf Empfehlung meines Onkels wollte daraufhin mein Vater den ganzen Besitz verkaufen und uns Kinder in ein Kinderheim stecken.« Er tat es nicht. Aber genau diesen Mutterverlust und die Hilflosigkeit des Vaters könntest du, liebe Carmen, zusammen mit deinen Geschwistern aufarbeiten, verstehen und ihm verzeihen. Du sagst doch etwas Schönes: »Wenn ich ihm heute begegnen würde, so würde ich ihn in den Arm nehmen und ihn bitten, mir doch von meiner Mutter zu erzählen, und mit ihm sprechen, was alles so gewesen ist. Vielleicht hat er zu Lebzeiten von mir mehr Nähe gewünscht, ich weiß es nicht. Er konnte es nur nicht zeigen. Ich habe keinen Hass oder Wut auf meinen Vater, er tat mir eigentlich mehr oder weniger leid.«

Blackbox Vater. Wie kann man sie vom Meeresgrund bergen? Gisela, eine tüchtige Geschäftsfrau, lebensfroh und dynamisch, erinnert sich an ihren Vater als einen beruflichen Erfolgsmenschen, aber als Egoisten und Despoten, der seine Frau und die Tochter schlug. Er beschimpfte Gisela als »fett« und »dumm« und im Alter als »Betrügertochter«. Dabei wollte er sie um ihr mütterliches Erbe bringen, was Gisela jedoch mit einer Prozessandrohung vereitelte. Gisela hat bisher noch keine Spurensuche in Sachen Vater unternommen. Dabei stecken wesentliche Geheimnisse seiner Biografie immer noch in einer *Blackbox*, wie sie es formuliert: Der Vater war ein uneheliches Kind, und er hat ein uneheliches Kind gezeugt. Diesen unehelichen Halbbruder hat Gisela ebensowenig kennengelernt wie den Großvater, den unbekannten Erzeuger des Vaters. So etwas nennt man in der Tiefenpsychologie ein malignes Familiengeheimnis, also etwas wie einen bösartigen Krebs.

Gisela berichtet aber auch, dass der glänzende Geschäftsmann immer wieder unter einem seriellen Albtraum litt. In ihm wurde er verfolgt und kam nicht vom Fleck. Was quälte ihn? Nun ist der Vater seit vier Jahren tot: Die »Blackbox« funkt nicht mehr. Denn Ehefrau und Verwandte sind alle tot. Die Gelegenheit der Spurensuche ist verpasst.

Eine Spurensuche steht bei Conny an. Sie berichtet: »Mein Vater lebt noch. Den Kontakt zu ihm habe ich abgebrochen. Ich habe mich von meinem Mann getrennt, bin aus der ehelichen Wohnung, die in meinem Elternhaus lag, ausgezogen und mit meinen Kindern zu meiner Außenbeziehung, meinem derzeitigen Lebensgefährten, gezogen. Daraufhin hat mein Vater meinen Lebensgefährten einmal tätlich angegriffen. Unser Verhältnis war schon vorher schwierig. Ich habe meinen Vater in den letzten Jahren meist muffelig, wortarm und motzig erlebt. Phasenweise hat er mich kaum begrüßt.« Conny, die Lehrerin ist, räumt jedoch ein: »Meinen Kindern war mein Vater ein herzensguter, freundlicher Opa. So herzensgut, dass sie am Ende ›Papa‹ zu ihm gesagt haben.«

Was ist, wenn der Vater Mitglied einer Sekte war? Conny möchte ihren Vater »weder sehen noch sprechen«. Sie weiß auch nicht, ob sie Frieden mit ihrem Vater schließen möchte. Allerdings: »Eine Traurigkeit im Blick auf sein Leben und Mitleid für ihn stellt sich bei dem Gedanken ein, dass er ohne Versöhnung sterben könnte.«

Conny berichtet etwas, das nach Aufklärung geradezu schreit. Nach einer vorübergehenden Trennung »haben meine Eltern noch kirchlich geheiratet und sich intensiv zu einem sehr charismatischen christlichen Glauben bekannt. Ich weiß noch, dass ich damit größere Probleme hatte als mit der Trennung meiner Eltern. Von da an war mein Leben nur noch irgendwie bedrückend und schrecklich. So wurde mir beispielsweise unter laut klagendem Gebet, Geschrei und Geschimpfe verboten, sowohl meinen damaligen ersten Freund weiterhin zu sehen als auch ein auf einer Klassenfahrt gekauftes Palästinensertuch zu tragen.«

Da stellt sich doch die Frage, wie hilflos war dieser Vater (und die Mutter), um sich in einer Sekte Hilfe zu holen? Der Psychoanalytiker würde hier vielleicht von einer *ekklesiogenen Neurose* sprechen. Hilfreich wäre hier Tilmann Mosers erschütterndes autobiografisches Buch *Gottesvergiftung*. Der Vater des bekannten Freiburger Psychoanalytikers war ein pietistischer Zeltmissionar mit einem vernichtend düsteren Gottesbild.

Die Wildheit des Vaters erben: Friedas Vater ist seit 27 Jahren tot, »und das ist auch gut so«. Sie hat sich ausführlich mit der äußeren und inneren Biografie des Vaters beschäftigt. Der Vater Franz, Sohn armer »Häusler« konnte kein Ingenieur werden, weil kein Geld da war. Im Ersten Weltkrieg hungerte er. Später produzierte er mit einem »arisierten«, also einem zwangsverkauften jüdischen Unternehmen, Militärtextilien. Er war kein Parteimitglied. Bei Kriegsende wurde der Betrieb in der sowjetischen Zone enteignet. Der Vater übersiedelte in den Westen und schlug sich und die Familie mit einer neu gegründeten Textilfirma durch. Frieda erkennt heute: »Hier in der Pfalz ist er nie ›angekommen‹.

Der ›Verlust der Heimat‹, der quälende wirtschaftliche Existenzkampf, die mangelnde Anerkennung durch die bäuerlichen Dorfbewohner seiner neuen Heimat, denen er sich wohl geistig überlegen fühlte, sein ganzes unausgelebtes Leben haben ihn verbittert und ungerecht gemacht … Der Migrant hat sich nie integriert.«

Das war ein Kerl, dieser Vater Franz: »Als junger Mann war er ein Abenteurer. Er besaß eine Harley-Davidson, mit der er die sudetendeutschen Passstraßen hinauf- und hinunterbretterte. Er flog sogar einmal in einem Doppeldecker mit und trieb sich bis nach Wien herum. Unser beider Krieg begann während meiner Pubertätszeit und er endete erst mit seinem Tod. Vater starb im Krankenhaus an Herzschwäche und Lungenemphysem.« In der Pubertät wurde Frieda widerborstig, interessierte sich für Jungen und widersprach. Das machte den Vater rasend, denn einer seiner Lieblingssprüche war: »Der Wille eines Kindes muss gebrochen werden.« Die 72-jährige Frieda sagt heute noch über den Vater: »Ich schleppe ihn halt mit mir herum, da kann ich über ihn nachdenken, mich ärgern, wütend sein oder träumen, wie alles hätte anders sein können, neue Erkenntnisse entdecken – und alles ganz friedlich! Das Ganze hat ja auch seine gute Seite. Ein derart übermächtiger, charismatischer, eisenharter und präsenter Tiger von einem Vater verhindert mit unverminderter Aktualität, dass ich in intellektuelle Trägheit verfalle. Ich brauche nur an ihn zu denken, schon wirkt er wie ein Defibrillator. Deshalb – eine schlechte Erfahrung ist immer noch besser als gar keine, das ist eines meiner Lebensmottos.«

Frieda hat den Pilotenschein gemacht, heiratete einen »unstandesgemäßen« Mann und ging mit ihm nach Afrika. Langweilig war dieses Leben nie. Ihr Lebensfazit ist ebenso wild wie poetisch: »Ich bin ein nicht unglücklicher einsamer Wolf. Manchmal fordern mich Schwäne auf, mit ihnen auf dem Weiher elegante Kreise zu ziehen. Dann sage ich immer: ›Ich kann nicht schwimmen‹ und: ›Warum trabt ihr nicht durch die Steppe?‹ Mit der Frage können sie nichts anfangen und lachen deshalb. Aber die können es nicht. Sie können nicht traben, denn sie haben Schwimmfüße.«

Constanze hat sich eindringlich mit der Vergangenheit ihres Vaters beschäftigt. Sie denkt gerne an die lustigen Episoden mit ihrem Vater zurück. Das ist nicht selbstverständlich, denn der Spätheimkehrer (vier Jahre russische Kriegsgefangenschaft) war autoritär, die Ehe nicht besonders glücklich. Die Mutter war froh, überhaupt einen Mann abzubekommen. Der anerkannte Bezirksschulinspektor war ein Freund der Späße: »Zum Beispiel sagte er manchmal nach dem Mittagessen am Tisch: ›Ich zeige euch jetzt mal, wie man es nicht macht‹, und dann hob er den Essteller senkrecht an den Mund und schlürfte die Soße ab. Mit dem Spruch haben wir das manchmal nachgemacht, und er hat sich darüber amüsiert. Oder wir haben Verstecken gespielt vor dem Schlafengehen, oder am Wochenende bin ich früh ins Elternbett gegangen. Er hat mich auf seinen Füßen geschaukelt, oder ich sollte ihn als ›Kran‹ aus dem Bett heben, dann hat er sich extra schwer gemacht.«

Natürlich kann der Tod eines Vaters auch entlasten. Das ist erlaubt. Constanze: »Als er gestorben war, war ich einerseits traurig, ein wichtiger Halt war mir verloren gegangen. Andererseits war ich sogar ein bisschen erleichtert, weil ich wusste, ich werde jetzt mehr Freiheiten haben.«

Besonders irritierend kann die sexuelle Orientierung des Vaters sein. Die Spurensuche konfrontiert die Töchter damit. Einen schwulen Vater hatte Britta. Britta war ein Scheidungskind. Dankbar erinnert sie sich an die noch heile Familie, die sieben Jahre in Singapur verbrachte und dabei Asien kennenlernte. Bei der Scheidung entschied sich Britta, bei ihrem Vater zu bleiben, der Bruder wurde der Mutter zugesprochen: »Mein Vater stand vor einer völlig neuen Aufgabe: eine pubertierende Tochter, die es zu versorgen galt, und einen kompletten Haushalt neben seinem Job. Ich fing früh an zu rauchen. Viel Alkohol und Hasch waren Teil der Partys an den Wochenenden. Häufig verschwand ich nachts noch mal, wenn mein Vater tief und fest schlief. Als er mich doch einmal erwischte, gab es richtig Ärger!«

Dann erlebte Britta eine Form des sexuellen Missbrauchs: »Leider nutzte mein Opa die Gelegenheit und lockte mich mit Zigaretten (mein Taschengeld war knapp) gegen Fotos ›oben ohne‹. Seine Begründung: Er wollte dokumentieren, wie ich mich entwickelte. Ich ließ es zu. Was ich nicht wusste: Mein Vater wusste Bescheid. Erst 2012 habe ich dieses Thema angesprochen. Ich wollte dann natürlich auch wissen, warum er nichts unternommen hat. Er hat sich nicht getraut, er saß zwischen zwei Fronten.«

Entscheidend wurde das unfreiwillige Coming-out des Vaters: »Irgendwann entdeckte ich einen Ring an seinem Finger, den ich noch nie zuvor gesehen hatte. Als ich ihn fragte, von wem er sei, packte er aus. Mein Vater hatte einen Freund. Für mich brach eine Welt zusammen. Er versicherte mir, diese Neigung erst nach seiner Ehe entdeckt zu haben.« Das bezweifelt Britta. Doch sie wurde mit Vaters Freunden vertraut: »Klar waren einige der Bekannten schon recht ›tuntig‹, der eine mehr, der andere weniger, aber alles liebe Kerle … Sein Lebensgefährte Erik wurde wie ein Bruder für mich.«

Der schwule Vater ist, wie Britta schreibt, ein »unkomplizierter Papa« und bis heute in einer Lebensgemeinschaft mit Erik. Als Britta 2013 die – falsche – Diagnose »schwarzer Hautkrebs« erhielt, »war es auch mein Vater, dem ich meine Sorgen anvertraut habe und der mir Mut machte«. Er hat ihr eine offene Liebeserklärung gemacht: »Wir haben heute ein schönes, inniges Verhältnis. Mein Vater ist jemand, mit dem ich all meine Sorgen und Nöte bespreche. Wir können uns darauf verlassen, dass er alles vertraulich und respektvoll behandelt. Meinen Mann schließt er in die Familie ein, als wäre es sein Sohn! Danke Papa, dass ich dich habe!«

Auf ihren Vater will eine Tochter stolz sein. Was ist, wenn sie sich für ihn schämt? So erlebte nämlich die Ärztin und Psychotherapeutin Bruni die Situation mit ihrem schwulen Pastorenvater. Ihr schlimmstes Erlebnis war: »Ich musste jeden Sonntag in die Kirche gehen, saß in der ersten Reihe und war etwa 15 Jahre alt. Mein Vater war schwer alkoholabhängig, hatte keine Predigt mehr vorbereitet, stand schwankend auf der Kanzel und redete irgendwas. Ich habe mich entsetzlich für ihn geschämt. Die Ehe war schlecht: Er war bisexuell veranlagt und hatte immer homosexuelle Beziehungen, die meiner Mutter auf Dauer nicht verborgen blieben.«

Seine erste Ehe und die zweite Ehe mit Brunis Mutter scheiterten an seinen Außenbeziehungen zu Männern. Er war essgestört (Bulimie). Er litt unter Depressionen, die nicht behandelt wurden. Als nazifreundlicher »deutscher Christ« erlebte Brunis Vater die Kapitulation des »Dritten Reiches« und seine Strafversetzung als persönliche Niederlage: Seine letzten Jahre waren eine einzige Katastrophe: »Mein Vater unterhielt in den letzten Jahren seines Lebens wechselnde Beziehungen zu meist jüngeren Männern, trank immer mehr Alkohol, vernachlässigte seinen Beruf und wurde schließlich mit 45 Jahren von der Landeskirche zwangspensioniert. Er bekam eine Kur in Westdeutschland und versuchte, dort noch einmal beruflich Fuß zu fassen. Das misslang. Keine Aufgabe mehr, die Familie in der DDR, eine Anklage wegen Verführung Minderjähriger in Hamburg. Mein Vater war am Ende. Er sammelte Schlaftabletten und plante seinen Suizid. Barbiturate und Alkohol – er brach mitten in Hamburg zusammen und starb mit nur 49 Jahren. Warum ging er auf die Straße? Ging nicht ins Bett? Wollte er in letzter Minute doch noch Hilfe? Ich weiß es nicht.«

Bruni liebt gleichwohl diesen unglücklichen Vater. Sie bekundet: »Armer kranker Vater! Er starb im Vertrauen auf die Vergebung seines Gottes.« Als sie 16 Jahre alt war, hatte sie mit ihrem Vater ein offenes Gespräch über seine Homosexualität: »Seine Aufrichtigkeit hat mir damals gut getan.« Was bleibt? »Unsere Seelenverwandtschaft und die Hoffnung, ihn nie ganz verloren zu haben. War beziehungsweise ist er mein Schutzengel? Es könnte sein. Es bleibt die Dankbarkeit für viele gute Gaben, sein unerschütterliches Vertrauen auf die Liebe und Barmherzigkeit Gottes.«

Den biografischen Hintergrund eines Vaters zu würdigen kann eine Tochter stärken. Irmi nennt ihren verstorbenen Vater zwar »streng, tyrannisch, jähzornig, übergenau, besserwisserisch, mit Verboten und Schlägen bestrafend«. Doch in der Therapie hat sie gelernt, »dass ich meine Vergangenheit nicht ändern kann, aber ich kann meine Einstellung zu ihr ändern, und das verändert mich«.

Das stimmt. Reif werden, so lautet ein Therapeutenspruch, heißt, darauf verzichten, um eine bessere Vergangenheit zu kämpfen. Und doch birgt Irmi einen kostbaren Vaterschatz: »Mein Vater wurde nach dem Krieg von den Amerikanern gefangen genommen und später an die Russen ausgeliefert. Als er ins russische Lager unterwegs war, kam er durch seine Heimatstadt. Er wurde immer langsamer, tat, als würde er hinken, und dann nahm er allen Mut zusammen und flüchtete aus der Gefangenenkolonne. Er kannte sich aus, niemand verfolgte ihn, er wurde von einem Freund sofort im Lazarett versteckt. Er wäre sonst nach Sibirien verschleppt oder erschossen worden. Dieser Mut lässt mich nun mein Leben neu beginnen. Meinem Vater sage ich ›Danke‹. Er hat mir gezeigt: ›Niemals aufgeben.‹«

Mia ist die angepasste Tochter eines strafenden und prügelnden Vaters. Das blieb nicht ohne Folgen: »Ich hatte immer Angst, vom Partner unterdrückt zu werden. Ich habe nie geheiratet. Ich wurde eine Kinderdorfmutter. Ich hatte immer nur lockere Beziehungen.«

Aber sie denkt mit Freude im Herzen an Vaters Liebe zur Natur, Pflanzen, Gartenarbeit, sein Akkordeonspiel, das gemeinsame Singen von Volksliedern, und wie er liebevoll für die Kinder Apfelschnitze schnitt. Die Spurensuche ergab: Der fahnenflüchtige Kriegsheimkehrer baute ein Haus, betrieb als Nebenerwerb Landwirtschaft, pflegte die demenzkranke Ehefrau und war verantwortungsvoll: »Er hat für uns alle gesorgt. Wir sieben Kinder haben eine gute Ausbildung und stehen fest im Leben. Auch meine Pflegekinder im Kinderdorf hat er wie normale Enkelkinder aufgenommen. Wir durften oft in meinem Elternhaus Ferientage verbringen. Mit 88 Jahren ging er in ein Altenheim und nahm sich dort wenig später das Leben.« Mia liebte ihren Vater: »Es bleibt eine gute Erinnerung an Papa, das Oberhaupt einer großen Familie.«

Verzeihen durch Therapie und Verständnis. Eilika bleibt, nach dem einsamen Tod ihres Vaters im Pflegeheim, »ein großes Fragezeichen und eine Sehnsucht nach einem Vati, wie andere Mädchen ihn haben«. Aber sie hat auch Verständnis für diesen kranken Mann, der als Spätheimkehrer nach vier Jahren Gefangenschaft in Russland »krank, kaputt, traumatisiert« nach Hause kam, fünf Kinder zeugte und ein kleines Reihenhaus mit viel Eigenarbeit baute: »Er hatte immer Schmerzen. Er hat Hände voll Tabletten geschluckt. Er hat um Aufmerksamkeit gerungen. Sparsamkeit bestimmte sein Leben. Sein Kontrollzwang hat ihm letztendlich die Parkinsonkrankheit beschert. Er hatte immer Angst, laut meiner Mutter. Er konnte nie viel loben. Er war nie positiv eingestellt – wie auch?«

Und so reichte es nur zu einer ungenügenden Vater-Tochter-Beziehung. Eilika: »Ich habe lange Zeit seine Todesängste und Angst vor Krankheiten weitergetragen.« Zwar sagt sie: »Ich hätte gerne gehört, dass ich trotz Hörbehinderung, Pickel, vielen Operationen und Zahnersatz ein Mädchen bin«, also eine attraktive Tochter, doch Eilika ist einsichtig: »Ich habe ihm verziehen, durch Therapie und so weiter. Man kann nur weitergeben, was man selbst erfahren hat. Leider! Ich sehe es bei meinen Söhnen, was ich selbst verkehrt gemacht habe.«

Auch Annerose hat einen Spätheimkehrer als Vater. Annerose zieht aus der historischen Spurensuche ein verständnisvolles Fazit. Seine Rückkehr war eine Tragödie: »Als er aus der Gefangenschaft heimkam, war seine Freundin schon verheiratet.« Dann starb ihm 1957 seine Frau, Anneroses Mutter. Mit der zweiten Frau baute er als Landwirt die Stallungen neu und größer, danach das Wohnhaus. Er war ein Stehaufvater: »Seine zweite Frau wurde sein Glück. Jetzt leben die beiden mit 92 und fast 90 Jahren zusammen und sagen: ›So gut ging es uns noch nie.‹ Mein Vater knetet jede Woche den Brotteig selbst, Mutter (die zweite Frau – M. J.) bäckt dann, er pflanzt den Garten an, hat Spaß am Leben und sieht das Schöne. Das ist schön mit anzusehen.« Was das Geschenk dieses Vaters ist? Annerose: »Mut, zum Leben zu stehen mit allem, was kommt.«

Spurensuche bedeutet, Energie für positive eigene Entwicklungen zu gewinnen. Das bedeutet nicht, die Streitigkeiten, Meinungsverschiedenheiten und Kränkungen zu bagatellisieren oder Eltern wie Heilige zu behandeln. Es heißt vielmehr, dass ich durch den Akt des *wissenden Verstehens* mein inneres Verhältnis zu den Eltern ändere, dass ich sie wieder liebe, anstatt sie mit meinem kindlichen Hass zu verfolgen oder einen Dauerflunsch zu ziehen.

Ich kann mit meiner erfolgreichen Suche nach der verlorenen Zeit eine andere Meinung als meine Eltern, eine andere Ansicht von Kindererziehung haben und sie dennoch mögen. Ich kann noch Traurigkeit und Zorn in mir spüren und mich ihnen doch nahe fühlen. Ich lerne durch die Spurensuche, ihre unterschiedlichen Auffassungen und Weltanschauungen zu respektieren. Sie wurzeln im geschichtlichen Erfahrungsstoff, in den Geboten und Verboten einer früheren Generation. Denken wir etwa an die ängstliche Sexualmoral der Mütter, die aus der unsicheren Verhütung (vor der Entwicklung der Antikonzeptiva in den 1960er-Jahren) und der Angst vor einem unehelichen Kind resultierte.

Wenn ich meine Eltern zu verstehen beginne, wachen liebevolle Empfindungen von selbst wieder auf. Die Vergangenheit ist nicht länger ein Albtraum. Ich löse meine Verspannung und meine chronischen Vorwürfe gegen meine Eltern in dem Moment, in dem ich meine Verteidigungs- und Anklageposition verlasse. Wäre es nicht auch ein Weg der väterlichen Spurensicherung, nicht nur das Tonband seines Anrufbeantworters aufzubewahren, sondern den noch lebenden Vater mit einem Diktiergerät zu befragen und obendrein seine unvergessliche Stimme für sich und die Kindeskinder zu speichern?

Vaterschaft ist, so scheint es, eine Passion für den Vater wie für die Tochter. Es ist eine Geschichte der versäumten Möglichkeiten, der Kränkungen und Traumatisierungen, aber auch der verschwenderischen Liebe, der schönen Prägungen, der unzerstörbaren lebenslangen Bindung und Ergriffenheit.

»Mein Vater lässt die Umarmung zu«

Vaterversöhnung

»Ich habe geweint und laut gesagt: ›Du kannst gehen. Ich verzeihe dir. Gehe in Frieden.‹ Als ich von dem Spaziergang nach Hause kam, rief meine Mutter an und sagte mir, dass mein Vater gerade verstorben sei.«

SISSI

Wo Töchter unversöhnt mit dem Vater bleiben, schaden sie sich selbst. Eine Tochter schreibt mir: »Frieden schließen stelle ich mir so vor, dass ich in 15 Jahren die Gruft einebnen lasse – darauf freue ich mich schon heute.« Der Preis für ihre Unversöhntheit scheint mir hoch. Sie schreibt nämlich: »Verachtung bleibt, Unverständnis, Selbstzweifel ohne Ende.«

Eine andere Tochter hat den Kontakt zu ihrem Vater abgebrochen: »Ich kann meinem Vater noch nicht verzeihen, obwohl ich einiges mittlerweile verstehe. Ich wünsche mir Frieden, habe aber Angst, nicht die Kraft für die Auseinandersetzung und Klärung zu haben. Ich kann das nicht in Worte fassen, so viel Schmerz ist in der noch offenen Wunde (Hans mein Igel!).«

Was sie damit meint, ist das Grimmsche Märchen, in dem der vom Vater ungeliebte Sohn am Ende seiner komplizierten, bisweilen qualvollen Ichwerdung die Liebe zu sich selbst gefunden hat. Er wirft seine Stacheligkeit, die einst sein notwendiger Schutzpanzer war, ab (»Ich werde aus der Igelhaut herauskriechen«). Er sucht den Vater auf, der in seiner Selbstverpanzerung gefangen war, und verzeiht und erlöst ihn. Wenn ich dieses Märchen bei meiner Gestaltarbeit mit einer Gruppe kollektiv erarbeite, brechen manche unversöhnten Töchter in Tränen aus. Oft machen sie sich, wie ich aus späteren Briefen erfahre, zur aufregenden Reise in die *Vaterliebe* auf.

Kränkungen sitzen tief. »Ich denke, Eltern ändern sich nicht«, schreibt eine Frau, die von ihrem Vater geschlagen und ignoriert wurde. Sie selbst, schreibt sie, ist nicht in der Lage, Gefühle zu zeigen oder darüber zu sprechen. Sie hat sexuelle Probleme und leidet unter Asthma. Hat Asthma nicht etwas mit Engegefühl, keine Luft kriegen und existenziellen Spannungen zu tun? Könnte sie sich nicht, auch bei einem äußerlichen Kontaktabbruch, innerlich mit dem Vater versöhnen, wie wir es bei dem Sohn des Altbundeskanzlers, Walter Kohl, gesehen haben?

Eine andere Frau sieht sich vor einer, wie sie meint, nicht überwindbaren Hürde. Ihre Mutter hat sich umgebracht, als der Vater eine Außenbeziehung hatte. Sie schreibt: »Nein, ich habe keine Verzeihung offen ausgesprochen, damit würde ich ihn nur verjagen. Er ist kein Freund offener Worte. Ich habe meinen Schmerz über ihn gut in mir verpackt, sodass ich ihn so gut wie gar nicht spüre.« So gut wie gar nicht?

Verzeihen ist ein langer Weg. Verzeihen und Versöhnen ist ein hartes Stück Arbeit. Wir müssen über den eigenen Schatten springen. Töchter sollten vielleicht einmal andere Frauen fragen, wie sie diese Versöhnung geschafft haben. Ist es immer möglich? Wohl kaum.

Ingrid spürt »Traurigkeit und Hilflosigkeit« gegenüber ihrem 72-jährigen Vater. Er war nicht herzlich, sagt heute noch: »›Du bist doch ein bisschen blöd‹, wenn ich meine Meinung zu gesunder Ernährung oder Politik äußere.« Ingrid resümiert: »Ich würde es gerne schaffen, die Barriere zu überwinden und Gefühle kennenzulernen. Ich schiebe es vor mir her, weil ich nicht weiß, wie, und hoffe, dass es nicht einmal zu spät ist.«

Ähnlich ist die Situation von Nikola, die unehelich geboren wurde. Der Vater hat sich nicht zu ihr bekannt: »Ich weiß nicht, ob mein Vater noch lebt. Ich glaube nicht. Es ist vom Schäbigsten im Leben eines Mannes beziehungsweise Vaters, sich nicht zu kümmern oder dazu zu stehen, Kinder gezeugt zu haben. Das hat sich wie ein roter Faden durch mein Leben gezogen. Ich habe meinem Vater nicht verziehen, warum sollte ich?«

Dagegen hat sich Elsbeth, eine Ärztin, an den Vater wieder angenähert. Er hatte sie in der Pubertät, als Einführung in die Männerwelt, »abzuhärten« versucht: »Er war in dem irrigen Glauben, mich auf die Auseinandersetzung mit Männern am besten vorzubereiten, indem er diese vorwegnahm. Dieses alberne, pubertäre, aber dennoch völlig normale Mädchengetue wurde gnadenlos verspottet. Meine körperlichen Veränderungen wurden eher süffisant kommentiert, oft sogar vor Dritten. Ich erinnere mich noch gut an viele Tränen der hilflosen Wut in dieser Zeit. Plötzlich war mein geliebter Vater mein schlimmster Feind. Dementsprechend stolperte ich verunsichert und orientierungslos auf das Parkett der Partnerwahl und geriet natürlich prompt an die falschen Männer.«

Der gleiche Vater hat Elsbeth jedoch in ihrem Medizinstudium finanziell sowie mit Rat und Tat unterstützt. Als sie sich später von ihrem Mann trennte, der arbeits- und alkoholsüchtig war, gab der Vater ihr emotionale und finanzielle Unterstützung: »Seitdem hat auch wieder eine Annäherung an meinen Vater stattgefunden.«

Heute ist der Vater 67 Jahre alt und chronisch krank. Im Moment hat die alleinerziehende berufstätige Mutter *noch* keine Kraft zur Auseinandersetzung mit dem Vater zu dem Thema. Elsbeth: »Allerdings habe ich mich auch wieder an meinen jungen Vater erinnert, seine Vitalität, seinen Humor und seine Intelligenz, und wie viel er mir doch davon mitgegeben hat. Heute wäre ich froh, so einen Partner wie meinen jungen Vater zu haben. Vielleicht sage ich ihm das eines Tages.«

Es gibt auch eine nonverbale, körpersprachliche Aussöhnung: Julika, Scheidungskind, haderte lange mit ihrem Stiefvater, der heute 81 ist: »Vergeblich gesehnt habe ich mich nach Verständnis und Unterstützung, nach liebender Begleitung auf meinem Weg ins Erwachsenenalter.« Der Stiefvater war eher nüchtern als warmherzig und bestrafte Julika mit Prügeln. Gleichwohl hat er andere Seiten: »Mein Stiefvater war der Familienmanager, ein Fels in der Brandung mit Bravour. In erster Linie lehrte er mich sicherlich Standhaftigkeit, Durchhaltevermögen, Disziplin, Durchsetzungskraft und Konfliktfähigkeit.«

Ja, sie hat ihm verziehen: »Offen ausgesprochen habe ich die Verzeihung nie. Wir haben uns fest umarmt. Das erste Mal bei einer Beerdigung, bei der wir uns nach sieben Jahren der Trennung wiedersahen. Ausschlaggebend für die Versöhnung war auch eine Erkrankung, die mich in eine tiefe Krise stürzte, während der ich viel Zeit zum Nachdenken hatte: Als ich in der Mitte des Lebens sehr krank wurde, habe ich mich in dieser Krise gefragt: ›Kann ich mir vorstellen, mit diesem ungelösten Konflikt, mit dieser offen klaffenden, noch immer blutenden Wunde, mit diesem Groll einem anderen Menschen gegenüber von dieser Erde gehen zu können? Schaffe ich das überhaupt? Oder mobilisiere ich in mir Verständnis und Empathie (Einfühlung – M. J.)? Stelle ich mich diesem Lernprozess der Vergebung und gesunde? Reiße ich die Rosenhecke mit ihren spitzen Dornen, die ich im Laufe der Jahre um mich herumgezogen habe, ein und lasse sowohl mich als auch meinen Stiefvater hindurch? Gibt es wieder eine Passage sowohl für mich als auch für ihn? Ich nahm das

Schwert der Erlösung und riss die Rosenhecke herunter! Heraus kam etwas Wunderbares!«

Das ehemalige »Dornröschen« Julika möchte seinen Stiefvater umgekehrt auch um Verzeihung bitten: »Ja, für meine Halsstarrigkeit, für mein jahrelanges Unvermögen, auf ihn zuzugehen. Ich habe erst mit zunehmendem Alter in der Lebensmitte Verständnis für ihn entwickeln können und die innere Reife zur Versöhnung erlangt. Von meiner Mutter habe ich erfahren, dass er während der vielen Jahre der Trennung zwischen mir und ihm unter der Situation sehr gelitten hat.«

Gibt es eine Versöhnung mit dem Vater, auch nach dessen Tod? Ja. Später verziehen hat Senta ihrem Vater: »Mein Vater war Wochenend-Alkoholiker, wir haben darunter gelitten. Besonders intensiv ist die Erinnerung, dass wir Kinder den Autoschlüssel öfters versteckt haben und uns vor die Türe stellten, damit er nicht alkoholisiert Auto fährt.« Die Folge war: »Wir hatten nie wirklich zueinander gefunden, wir hatten es nicht gelernt, offen miteinander umzugehen.«

Der Vater ist mit 64 Jahren an Krebs gestorben: »Der Tod meines Vaters hat mich mitgenommen. Angst vor Krankheiten, besonders vor Krebs, hatte ich schon immer. Aber nach dem Tod meines Vaters haben die Ängste extreme Ausmaße angenommen. Es hat noch einige Jahre gedauert, bis ich den Mut aufbringen konnte, meinem Mann von meinen Angstdepressionen zu erzählen. Darauf folgten einige Jahre unterschiedlicher

Therapie; einiges hat mir geholfen, manches war katastrophal. Trotzdem hat sich dieser lange Weg für mich gelohnt. Mein Mann hat die schweren Zeiten mit mir bewältigt, dafür bin ich unendlich dankbar. Mittlerweile geht es mir wieder gut. Ich habe akzeptiert, dass ich ein sehr feinfühliger, sensibler Mensch bin. Auch wenn es ein wenig verrückt klingt, gedanklich erzähle ich meinem Vater öfters Dinge aus meinem Leben, und ich fühle, dass es mir guttut.«

Berührend sind töchterliche Versöhnungen in der Todesstunde des Vaters. Sissis Vater starb an Prostatakrebs: »Vergeblich gesehnt habe ich mich nach Aufmerksamkeit und Anerkennung. Meine Eltern waren nicht geschieden, aber ich habe mir oft gewünscht, sie würden sich scheiden lassen. Es gab immer nur Streit; Harmonie herrschte nur selten.« Doch er hat der Tochter den Umgang mit Pfeil und Bogen und dem Luftgewehr vermittelt, die Freude an Mathematik, Physik und Chemie, die Fähigkeit, analytisch zu denken, den Spaß am Segeln, die Kunst, ein gutes Feuer zu entzünden. Das ist viel. Sissi zieht daher auch ein gutes Fazit: »Ich war morgens mit meinem Hund spazieren, als ich plötzlich intensiv an ihn denken musste. Ich habe geweint und laut gesagt: ›Du kannst gehen. Ich verzeihe dir. Gehe in Frieden.‹ Als ich von dem Spaziergang nach Hause kam, rief meine Mutter an und sagte mir, dass mein Vater gerade gestorben sei.«

Bedeutet die falsche politische Orientierung eines Vaters das Todesurteil für jegliche Versöhnung? Nein.

»Ich habe meinem Vater alles verziehen«, bekennt Hilde. Einerseits schrieb der Vater in sein Tagebuch über seine Tochter: »Ist die Liebe zum Kind noch schöner und süßer als die Liebe zum Weibe?« Sie war »Papas Schatzi«, als sie sprechen konnte. Andererseits hätte sie gerne das Abitur gemacht und Latein gelernt. Aber der Vater, auf dessen Stempel »Bauer und Studienrat a. D.« stand, erlaubte es nicht. Er sagte: »Das ganze Studieren bringt doch nichts.« Hilde: »Geliebt habe ich an meinem Vater, dass er gut für uns gesorgt hat und dass er so viel wusste. Aber ich hatte oft auch Angst. Wie ich heute weiß, war seine Krankheit – er wurde 1937 wegen eines Herz- und Nervenleidens pensioniert – nicht leicht für ihn. Das haben wir als Kinder nicht verstanden. Es bleibt trotz allem eine große Dankbarkeit.«

Auch für seinen politischen Irrtum zeigt Hilde Verständnis: »Eintritt in die NSDAP 1931, engagiert bis zum Röhm-Putsch (1934 – M. J.). Er war von der Partei sehr enttäuscht, mochte aber später nicht mehr austreten (›Wer austritt, ist ein toter Mann‹). Er hat sich dann sehr zurückgehalten.«

Auch eine Versöhnung über einen Brief an den toten Vater gibt es: »Mich wollte mein Vater nicht mehr sehen«, erinnert sich Melissa. Der Vater hatte als Maurermeister in der DDR die Aufgabe, straffällig gewordene Jugendliche in das »sozialistische Leben« wieder einzugliedern. Die Ehe war unglücklich: »Ich liebte meine Mutti über alles. Es tat mir weh, wenn mein Vater so grob und verletzend war. Ich habe ihn dafür gehasst, gehasst, gehasst.« Von ihm »erbte« sie Zielstrebigkeit und Geschicklichkeit. Sie selbst hat zwei Ausbildungen absolviert: »Das hat er nie zur Kenntnis genommen. Im Gegenteil, er hat es abgewertet. Heute weiß ich, er hatte so wenig Selbstvertrauen, dass es nicht passte, wenn seine Kinder dieses hatten. Jetzt muss ich einfach nur weinen. Verloren habe ich einen Vater, der mich ablehnte und mit dem ich nicht mehr Frieden schließen kann von Angesicht zu Angesicht.«

Das ist nicht ihr letztes Wort: »Zugerufen habe ich ihm in Briefen an ihn, dass ich ihn lieb habe. In einer Therapie habe ich einiges aufarbeiten können, dennoch – ein Restschmerz bleibt.« Der Vater selbst wuchs unter beinharten Verhältnissen auf. Das hat ihn positiv und negativ geprägt. Melissa: »Mein Vater hat immer dafür Sorge getragen, dass wir als Kinder nicht frieren, nicht Hunger leiden mussten. Das alles hat er erlebt und wollte uns davor bewahren. Eine Form von Liebe? Ich finde, wenn ein Mensch wenig Liebe erfahren hat, wie soll er denn wissen, dass Liebe viel, viel mehr ist als Wärme am Ofen und genügend zu essen. Das stimmt mich versöhnlich, auch wenn er die Versöhnung ablehnte.«

Können sich Väter im Alter positiv verändern? Sie können es. Väter sind oft schwach. Bei Bärbel war es die Oma väterlicherseits, die die Familie terrorisierte. »Ihr bringt euren Vater noch ins Krankenhaus«, tobte sie und schirmte den schwachen Vater, der Gymnasiallehrer war, ab: »Selbst emotional missbraucht, konnte er mich nicht beschützen. Er zog sich zurück, wanderte am liebsten alleine in den Wäldern. Zu Hause war er oft niedergeschlagen, fast depressiv, hatte immer Angst, dass sein Herz schlapp machen würde. Er hat schließlich Tavor genommen, wovon er abhängig wurde. Dieser Medikamentenmissbrauch wurde aber nie offen ausgesprochen.«

Als strenger Katholik war er sexualfeindlich und belastete damit Bärbel in ihrer ersten Freundschaft mit einem Mann: »Sex wurde immer mehr zum Problem: Miteinander schlafen tat mir total weh.« Erst mit ihrem Ehemann machte Bärbel die revolutionäre Erfahrung: »Sex macht richtig Spaß, eigentlich mit den Jahren und Jahrzehnten mehr!«

Inzwischen hat sich der Vater gefühlsmäßig stark entwickelt. Bärbel: »Ich liebe meinen gütigen, warmherzigen, milden Vater, der so an sich gearbeitet hat und der inzwischen ein recht lebensfroher Mensch geworden ist!« Und: »So, mir ist nach diesem Bericht kotzübel. Ich habe hier ganz schön rumgeflennt dabei. Für mich besteht im Moment die Frage, ob ich mit meinem Vater offen über diese ganzen Dinge sprechen soll.« Aber ja, liebe Bärbel!

Auch Rosalies furchtbarer Vater ist im Alter sanft geworden. Manchmal möchte man gar nicht mehr an die Chance einer Versöhnung zwischen Tochter und Vater glauben. So ist es mir bei Rosalie gegangen. Ihr Vater erkrankte mit 74 Jahren. Die Vater-Tochter-Beziehung war in der Kindheit grauenhaft. Man kann es nicht anders formulieren. Er war ein Choleriker, jähzornig, schlug die Kinder. Rosalie hatte deswegen oft starkes Nasenbluten und pinkelte sich vor Angst in die Hose: »Wenn ich was falsch gemacht hatte, griff er zu einem Drahtseil und schlug mir damit mehrmals auf die Oberschenkel. Ich war neun Jahre, trug ein kurzes Kinderröckchen und spürte die körperlichen und seelischen Schmerzen so heftig, dass ich diese ›Geschichte‹ erst abhaken konnte, als ich als erwachsene Frau eine kurze Erzählung darüber schrieb.«

Der dramatische Höhepunkt des Kindheitsschreckens kam, als Rosalie und ihre Schwester mit zwölfeinhalb Jahren von zu Hause nachts ausrissen: »Wir beiden Ältesten hielten es nicht mehr aus. Meine Schwester hat mich stundenlang in der Nacht überredet, denn sie war mal wieder ›ohne‹ Grund geschlagen und sogar noch getreten worden, als sie schon auf dem Boden lag. Es war eine kalte Winternacht. Wir liefen, nachdem wir aus dem Fenster gestiegen waren und uns an einer Mauer heruntergelassen hatten, zu einer Freundin meiner Mutter. Diese brachte uns dann in ein Heim … Ich sah ihn erst wieder, als ich fast 18 Jahre alt war. Zu der Zeit ließen meine Eltern sich scheiden. Ein knappes Jahr später – auf ihrem 21. Geburtstag – nahm sich meine zweitjüngste Schwester das Leben. Tief in meinem Herzen wusste ich, dass sie die Bürde ihrer Kindheit nicht mehr hat tragen können!«

Und doch kam es zu einer überraschenden Wende

von Hass zu Liebe. Rosalie: »Vater hatte in seinen letzten acht Lebensjahren eine liebe Lebenspartnerin. Durch sie wurde er ›gezähmt‹, ruhiger, ausgeglichener und freundlich.« Die Aussöhnung stellt geradezu lehrbuchartig dar, wie eine Wiederannäherung zumindest versucht werden kann.

Rosalie: »Vor zehn oder zwölf Jahren wollte ich einmal ein Geschwistertreffen hier bei uns machen. Die Lebenspartnerin meines Vaters erfuhr durch eine meiner Schwestern davon. Sie lud uns alle in ihr Haus ein. Meine Schwestern kamen mit Partnern und Kindern. Es war sehr schön. Mein Vater (Ende 60) war ruhig, gepflegt, freundlich. Wie selbstverständlich half er seiner Frau, das Essen aufzutragen. Als ich meine Vorsuppe gegessen hatte, ging ich zu ihm in die Küche und fragte ihn, ob ich noch eine Tasse von der guten Suppe bekommen könne, ich sei noch nicht ›satt‹. Da stand er in seinen ›Opafilzpantoffeln‹, schöpfte mir liebevoll, reichte mir die Tasse, lächelte und sagte: ›Ich freue mich so, dass ihr alle da seid.‹ Er war ein alter Mann geworden. Als er mir die Suppe gab und seine Hand die meine berührte, da habe ich ihm verziehen. Wir machten noch Fotos, bevor wir abreisten, und dabei legte er den Arm um meine Schultern. Er lächelte, und ich war fast ein wenig verlegen.«

Zur Versöhnung ist die *körperliche Berührung* der Königsweg. Angela hat den abwesenden Vater in ihrer Kindheit kaum kennengelernt, weil er immer gearbeitet hat. Heute ist er 92 Jahre und sitzt im Rollstuhl. Was

144

hat sie jetzt gemacht? »Vor vielen Jahren wollte ich etwas Wärme in die Beziehung zu meinen Eltern bringen. Ich habe einfach angefangen, bei jedem Treffen meine Eltern zu umarmen. Bei meinem Vater hat es etwa zwei Jahre gedauert, bis er kein steifes Brett mehr war, und nochmals einige Zeit, bis eine Umarmung zurückkam. Heute bin ich stolz auf mich, dass ich die Umarmung so konsequent durchgezogen habe. Mein Vater freut sich, wenn er mich sieht, und lässt die Umarmung zu, und oft kommt auch eine Umarmung zurück.«

Barbara Dobrick sagt in ihrem Buch *Probleme mit den Eltern* (S. 239) etwas Beruhigendes: »Ich kenne niemanden, für den die ersten Beziehungen seines Lebens, die zu Vater oder Mutter, nicht immer wieder Stein des Anstoßes, zeitweilig bedrückend oder dauerhaft belastend sind oder waren.« So ist es. Nicht nur die Kinder erleben ihre Eltern abwechselnd als »gut« und »böse«, sondern den Eltern geht es mit ihren Kindern, besonders wenn sie erwachsen geworden sind, ebenso.

Verzeihen heißt nicht vergessen, sondern den Verletzungen ihren richtigen Platz zu geben in dem hinter mir liegenden Leben. Verzeihen heißt aber vor allem auch, *selbst um Verzeihung zu bitten*. Anna-Lisa empfindet die Beziehung zu ihrem mit 63 Jahren verstorbenen Vater nur als »genügend«. Er war Trinker und hätte sich lieber einen Sohn gewünscht. Aber er konnte auch warmherzig sein und hat Anna-Lisa die Freude am Lesen und Büchern geschenkt: »Ich durfte mir jede Woche ein neues Buch kaufen, wenn wir in unserer kleinen Stadt beim Einkaufen waren, und das, obwohl das Geld bei uns wirklich knapp war.« Außerdem: »Papa hat es geschafft, aus eigener Kraft, nach langen Jahren, ohne Entziehungskur oder sonstige ärztliche Hilfe, dem Alkohol abzuschwören. Die letzten Jahre, die er noch lebte, haben sein wahres, friedliches und gutmütiges Wesen wieder zum Vorschein gebracht.«

Anna-Lisa hat ihn geliebt, aber in der entscheidenden Stunde hat sie ihm nicht beigestanden: »Wenn es etwas gibt, wofür ich meinen Vater um Verzeihung bitten muss, dann dieses: Verzeih mir, dass ich nicht bei dir war in deinen letzten Tagen, dass ich nicht meine Arbeit habe sein lassen. Die vierhundert Kilometer Entfernung zu dir hätte ich leicht überwinden und mir einfach frei nehmen können. Es tut mir so leid, dass ich nicht dageblieben bin, als es dir schon nicht mehr gut ging. Bitte verzeihe mir!«

Der Verzeihensbitte kann ich mich anschließen: Ich habe, unreif im Groll noch, meinen Vater auf dem Sterbelager nicht besucht. Heute schäme ich mich dafür.

Um Verzeihung bitten heißt, die Liebe zum Vater erneuern. Wie das? Geliebt hat Saskia ihren Vater, der ihr liebevolle Briefe schrieb und noch mit 55 Jahren mit ihr Schlittschuh lief. Da war sie zehn Jahre alt. Er war zwar konservativ, aber beschützend und nur äußerlich hart, innerlich hatte er nahe am Wasser gebaut: »Ich war eine Gefall-Tochter, weil ich als junges Mädchen sehr hübsch war. Als ich meine erste Ballettaufführung hatte und mein Kostüm vorführte, ist er vor Stolz fast geplatzt. Mit seinem Tod verlor ich einfach meinen Papa, meinen Beschützer, aber ich war froh, dass er nach seinem Herzinfarkt, drei Tage vor einer Herzklappenoperation, nicht mehr leiden musste. Er war ein schöner Mann mit schwarzen Haaren und braunen Augen und dunklem Teint.«

Saskia hat ihr eigenes Defizit nicht vergessen: »Um Verzeihung bitten möchte ich ihn dafür, dass ich faul war, dadurch nicht das Abitur machen konnte und lieber mit den Jungs und meinem Pflegehund unterwegs war, als fleißig zu lernen. Gerne hätte ich ihm durch gute Leistungen in der Schule für seine Fürsorge und meine schöne Kindheit gedankt. Geliebt habe ich diese Fürsorge und seine Vielseitigkeit. Er vermittelte mir als Kind das Gefühl: ›Komme, was wolle, mein Papa macht das schon.‹ Ich durfte reiten, Kunstrollschuh und Schlittschuhlaufen. Er schlug mich nicht und war nie böse mit mir. Schade, dass er so früh starb. Wir hätten uns in späteren Jahren sicherlich sehr gut verstanden.«

Am Ende unserer Expedition in die Tiefen der Tochter-Vater-Gewässer erkennen wir deren gefährliche Abgründe. Ungelöste Spannungen und Kränkungen können die Gesundheit, das Wohlbefinden, die berufliche Sicherheit und die Architektur der menschlichen Beziehungen der Tochter bedrohen. Ständig erlebe ich, dass Ehen schwächeln oder zerbrechen, weil eine Tochter – oder ein Sohn – von den unbegriffenen, nie verarbeiteten Kindheitswunden zerstörerisch bestimmt ist. Wenn eine

Frau Dauerkämpfe mit ihrem Mann, Kindern, Schwiegereltern, Freunden, Kollegen oder Vorgesetzten führt und das Leben zum Kampfplatz ihrer Neurosen macht, dann sollte sie sich einmal das *Museum der Verletzungen* ansehen und ausräumen.

Dann gilt es für die erwachsene Tochter, mit dem Vater Frieden zu schließen, den sie *in sich* als böse Instanz festgefroren und konserviert hat. Unser Gehirn ist ein ideales Warenlager für ätzende Erinnerungen und Ohnmachtsgefühle aus der Kindheit, an das, was ein Vater, eine Mutter uns antaten – oft *bona fide*, das heißt *besten Glaubens*. Sie machten uns damit einsam, minderwertigkeitsgeplagt und verletzbar. Immer wieder kehren Töchter und Söhne geradezu wie besessen in dieses Museum der Verletzungen zurück. Sie polieren jeden Gegenstand auf Hochglanz und machen noch nach Mitternacht kostenlose Führungen für Fremde: »Das hat mir mein Vater angetan.« – »So bin ich wegen meiner Mutter geworden.«

Statt sich zu gestatten, endlich Liebe für einen – schwierigen – Vater zu empfinden, sein Noch-Dasein zu genießen und seine schönen Seiten aus ihm »herauszulieben«, fühlen sich viele Töchter bei jeder denkbaren Gelegenheit wieder als sein Opfer. Sie schieben ihm als Staatsanwältinnen nicht verjährbare Schuld und die Strafe der Verachtung zu. Meist, und das hängt mit ihrer Vaterverarbeitung – Auge um Auge, Zahn um Zahn – zusammen, lassen die so früh verletzten Töchter jetzt ihre eigene *Schattenpersönlichkeit* nicht zu.

Wenn nämlich die reife Tochter akzeptiert, dass auch sie böse, kleinkariert und autoritär sein kann, dann müsste sie von ihrem hohen Sockel rachedürstender Staatsanwaltschaft heruntersteigen. Vielleicht müsste sie sich sogar bei ihrem Vater entschuldigen – und sich selbst verzeihen können. Die geheilte Tochter dürfte dann auch dem Vater eine Schattenpersönlichkeit zubilligen. Das Nichtverzeihen jedenfalls ist Unfrieden in Permanenz. Es ist Realitätsverleugnung. Es ist Überheblichkeit. Die Tochter zahlt für ihre Unversöhnlichkeit einen zu hohen Preis – den nagenden Groll in ihrem Herzen.

Wie befreiend ist es, wenn die Tochter die Liebesgeschichte mit ihrem Vater entdeckt und sich bewusst macht. Manchmal wird dies beim besten Willen nicht möglich sein. Wie schön ist es aber, wenn Linda, eine Frau der jüngeren Generation, ihrem wundervollen warmherzigen Vater einfach nur Danke sagt:

Die junge Linda lässt ihren Vaterbericht (»Eine sehr gute Beziehung, Streitigkeiten gehören ja dazu«) mit einer Liebeserklärung an ihn enden: »Noch heute vermisse ich meinen Vater sehr, wenn ich längere Zeit von zu Hause weg bin. Die Beziehung zu ihm ist mir wichtig – weiß ich doch, dass er mich versteht und bei Kummer tröstet.« Sie erinnert sich auch: »Mein Vater war sehr interessiert an mir und an uns, auch wenn er bei den gemeinsamen Hausaufgaben schnell die Geduld verlor. Drachensteigen, gemeinsames Plätzchenbacken und das Vorbereiten von Spielen an Kindergeburtstagen – ich erlebte ihn ständig engagiert. Es gibt eigentlich nichts, nach dem ich mich väterlicherseits gesehnt hätte; mein Vater ist toll, so wie er ist. Mein Vater hat mir definitiv die Musikalität und das Interesse an Ernährung und Kochen mit auf den Weg gegeben. Genauso wie er koche ich gerne für andere. Auch die Gastfreundlichkeit habe ich von ihm gelernt und übernommen. Genauso wie er bin ich kreativ und wissbegierig.«

Linda endet ihren Bericht über den Vater mit Worten, die einem die Tränen in die Augen treiben können: »Mein Vater ist immer für mich da, und ich würde alles für ihn tun. Die Vorstellung daran, dass er irgendwann nicht mehr sein wird, macht mich traurig. Papili ist der Größte!«

Vielleicht bist du, liebe Leserin, nach der Lektüre dieses Buches gelassener und weiser gegenüber den Schwierigkeiten und Herausforderungen der Vater-Tochter-Beziehung geworden. Es gibt hier häufig zwei Wahrheiten. Die eine Wahrheit nennt Susan Foward in ihrer Studie *Vergiftete Kindheit. Elterliche Macht und ihre Folgen* (S. 9): »Es besteht gar keine Frage, dass Kinder von Herabsetzungen durch Freunde, Lehrer, Geschwister und andere Familienangehörige geschädigt werden, doch am verletzlichsten sind sie den Eltern gegenüber. Immerhin sind die Eltern für kleine Kinder der Mittelpunkt des Universums, und wenn die allwissenden Eltern einem schlechte Dinge sagen, müssen sie stimmen. Wenn Mutter immer wieder sagt: ›Du bist dumm‹, ist man auch dumm. Wenn Vater immer wieder sagt: ›Du bist wertlos‹, ist man das auch. Ein Kind hat noch keine Perspektive, aus der heraus es diese Aussagen bezweifeln könnte.«

Die andere Wahrheit betont Angelika Glöckner in ihrem befreienden Buch *Lieber Vater, liebe Mutter. Sich von den Schatten der Kindheit befreien* (S. 213): »Mein jahrelanger Umgang mit Menschen aller Art und jeden Alters hat mich gelehrt, dass bei genauer und einfühlsamer Betrachtung fast alle Eltern das jeweils ihrer Meinung nach Beste für ihre Kinder wollten und getan haben. Dennoch wissen wir alle, wie sehr eine solch gute Absicht nicht selbstverständlich ein gelungenes Resultat erzeugt: Eltern machen Fehler, geben weiter, worunter sie selbst gelitten haben, oder versuchen, es ganz bestimmt anders zu machen als ihre Eltern.«

Ende gut, (fast) alles gut! Töchter können durch die *Vaterversöhnung* nur gewinnen. Auch und gerade wenn er schwierig war. Packt es an, ihr lieben Töchter, die ihr mir so offenherzig geschrieben habt. Ich gebe euch noch ein Vatergedicht mit, das uns Stephanie Klein – hier nenne ich aus Dankbarkeit den richtigen Namen – geschenkt hat:

Ein Vater wie ein Mosaik

Ein Vater wie ein Mosaik
gelegt aus vielen bunten Steinen

Gesammelt
wohlbehütet
in der Herzensschale
über all die Jahre

Jeder Stein Erinnerung
Ein Wort
Ein Bild
Ein Blick
Eine Geste von dir
Ein Erinnern von mir

Ich erahne dich
Ich erkenne dich
Ich begreife dich

So lege ich ein Muster
Ein Muster wird zum Bild
Das Bild eines ganzen Menschen –
eines ganzen Vaters
Und du bist Heimat
Heimat und Wärme
Wärme und Liebe

So halte ich deine Hände
deine Hände
bis du gehst

So wenig Zeit mit dir
Und doch ein Heimkommen
Im Wiedersehen

Du brachtest mich
ins Leben
Ich begleite dich
zu deinem Tod

Wir schließen den Kreis
gelegt aus vielen bunten Steinen

Literaturverzeichnis

Cheryl Benard/Edit Schlaffer: Sagt uns, wo die Väter sind. Von der Arbeitssucht und Fahnenflucht des zweiten Elternteils, Reinbek 1991

Laura Davis: Trotz allem. Wege zur Selbstheilung von Frauen, die sexuelle Gewalt erfahren haben, Berlin 1990

Laura Davis: Verbündete, Berlin 1995

Barbara Dobrick: Immer Probleme mit den Eltern: Erwachsene Kinder zwischen Anpassung und Rebellion, Stuttgart 1991

Eugen Drewermann: Die zehn Gebote, Mannheim 2010[4]

Erik Erikson: Identität und Lebenszyklus, Stuttgart 1959

Susan Forward: Vergiftete Kindheit. Elterliche Macht und ihre Folgen, München 1993

Heidi Gidion: Töchter und ihre Väter. Literarische Entdeckungsreisen, Frankfurt a. M. 1999

Angelika Glöckner: Lieber Vater, liebe Mutter. Sich von den Schatten der Kindheit befreien, Freiburg 2013

Karl Jaspers: Philosophie, 3 Bde., München 1994

Mathias Jung: Versöhnung. Töchter, Söhne, Eltern, Lahnstein 2000

Mathias Jung: AussichtsLos. Selbsttötung. Vorbeugung und Hilfe für Gefährdete und Angehörige, Lahnstein 2003

Mathias Jung: Das Geheimnis der Partnerwahl, Lahnstein 2009

Mathias Jung: Rabenvater. Der Vater-Sohn-Konflikt oder Warum ich meinen Vater dennoch liebe, Lahnstein 2012

Verena Kast: Vater-Töchter, Mutter-Söhne. Wege zur eigenen Identität aus Vater- und Mutterkomplexen, Zürich 1984

Walter Kohl: Leben oder gelebt werden. Schritte auf dem Weg zur Versöhnung, München 2011

Karl Kraus: Beim Wort genommen, München 1955

Linda Leonard: Töchter und Väter. Heilung einer verletzten Beziehung, Frankfurt a. M. 1994

Andrea Maser: Vom Vater geschieden. Töchter nach der Trennung, Berlin 1999

Alexandra u. Margarete Mitscherlich: Die Unfähigkeit zu trauern. Grundlagen kollektiven Verhaltens, München 1970

Friedrich Nietzsche: Menschliches, Allzumenschliches. Ein Buch für freie Geister, Stuttgart 1964

Julia Onken: Vatermänner. Ein Bericht über die Vater-Tochter-Beziehung und ihren Einfluss auf die Partnerschaft, München 1993

Lilli Palmer: Dicke Lilli – gutes Kind, München 1974

Horst Petri: Guter Vater – Böser Vater. Psychologie der männlichen Identität, München 1997

John Selby: Väter und ihre Rolle in unserem Leben, München 1999

Maja Storch: Die Sehnsucht der starken Frau nach einem starken Mann, Düsseldorf 2000

Paul Watzlawik: Anleitung zum Unglücklichsein, München 1983

Ursula Wirtz: Seelenmord. Inzest und Therapie, Zürich 1989

Folgende Bücher von Dr. Mathias Jung sind bisher im emu-Verlag Lahnstein (E-Mail: **bestellung@emu-verlag.de**, Tel.-Nr. 02621/91 70 - 12 oder -25) erschienen:

Rabenvater | Der Vater-Sohn-Konflikt oder Warum ich meinen Vater dennoch liebe, 249 Seiten

Das Geheimnis der Partnerwahl | Wie wir uns suchen und finden. Vom Glück und Scheitern der Liebe, 179 Seiten

Die erschöpfte Seele | Depression: Wege aus der Dunkelheit, 163 Seiten

Dr. Jung's kleine Seelenapotheke | Gedanken, Fundstück, Einsichten & Zweisichten, 349 Seiten

Wie redest du eigentlich mit mir? | Was unsere Art zu sprechen über uns aussagt, 157 Seiten

Mein Wendepunkt | Lebenskrisen und wie wir ihnen begegnen, 291 Seiten

Versöhnung – Töchter, Söhne, Eltern | Ein Ratgeber aus therapeutischer Praxis, 323 Seiten

Geschwister | Liebe, Hass und Annäherung, 295 Seiten

Lebensnachmittag | Die zweite Lebenshälfte, Krise und Aufbruch, 256 Seiten